中国社会科学院文库
文学语言研究系列
The Selected Works of CASS
Literature and Linguistics

中国社会科学院创新工程学术出版资助项目

中国社会科学院文库·文学语言研究系列
The Selected Works of CASS · Literature and Linguistics

安徽芜湖六郎方言

SURVEY OF LIULANG DIALECT IN
WUHU COUNTY IN ANHUI PROVINCE

陈丽 刘祥柏 著

中国社会科学出版社

图书在版编目（CIP）数据

安徽芜湖六郎方言/陈丽，刘祥柏著. —北京：中国社会科学出版社，2020.1
ISBN 978-7-5203-5605-3

Ⅰ.①安…　Ⅱ.①陈…②刘…　Ⅲ.①吴语—方言研究—芜湖县　Ⅳ.①H173

中国版本图书馆 CIP 数据核字（2019）第 256332 号

出 版 人	赵剑英
责任编辑	张　林
特约编辑	张　虎
责任校对	周晓东
责任印制	戴　宽

出　　版	中国社会科学出版社
社　　址	北京鼓楼西大街甲 158 号
邮　　编	100720
网　　址	http://www.csspw.cn
发 行 部	010-84083685
门 市 部	010-84029450
经　　销	新华书店及其他书店

印刷装订	北京君升印刷有限公司
版　　次	2020 年 1 月第 1 版
印　　次	2020 年 1 月第 1 次印刷

开　　本	710×1000　1/16
印　　张	9.75
插　　页	2
字　　数	161 千字
定　　价	56.00 元

凡购买中国社会科学出版社图书，如有质量问题请与本社营销中心联系调换
电话：010-84083683
版权所有　侵权必究

《中国社会科学院文库》出版说明

《中国社会科学院文库》（全称为《中国社会科学院重点研究课题成果文库》）是中国社会科学院组织出版的系列学术丛书。组织出版《中国社会科学院文库》，是我院进一步加强课题成果管理和学术成果出版的规范化、制度化建设的重要举措。

建院以来，我院广大科研人员坚持以马克思主义为指导，在中国特色社会主义理论和实践的双重探索中做出了重要贡献，在推进马克思主义理论创新、为建设中国特色社会主义提供智力支持和各学科基础建设方面，推出了大量的研究成果，其中每年完成的专著类成果就有三四百种之多。从现在起，我们经过一定的鉴定、结项、评审程序，逐年从中选出一批通过各类别课题研究工作而完成的具有较高学术水平和一定代表性的著作，编入《中国社会科学院文库》集中出版。我们希望这能够从一个侧面展示我院整体科研状况和学术成就，同时为优秀学术成果的面世创造更好的条件。

《中国社会科学院文库》分设马克思主义研究、文学语言研究、历史考古研究、哲学宗教研究、经济研究、法学社会学研究、国际问题研究七个系列，选收范围包括专著、研究报告集、学术资料、古籍整理、译著、工具书等。

中国社会科学院科研局
2006 年 11 月

前　　言

　　安徽境内的吴语主要指宣州吴语。分布在长江以南、黄山九华山以北、青弋江秋浦河流域，其区域相当于唐代宣州总管府所辖地区。包括黄山市黄山区(旧太平县)、石台、泾县、铜陵、繁昌、芜湖县、南陵，以及郎溪、广德、宁国、宣城、当涂、青阳、池州等14个县市区，多见于农村，其中黄山区、石台、泾县、铜陵、繁昌、芜湖县、南陵以通行吴语为主，其他市县吴语通行面积较小。安徽说吴语的总人口约300万。在《中国语言地图集》里，安徽吴语分别属于吴语宣州片和太湖片。另外，江苏西南端与安徽接壤的高淳县（今南京高淳区）和溧水县（今南京溧水区）的方言也属于宣州吴语。

　　宣州吴语也有人叫做"西部吴语"。从地域上看，宣州吴语东与江浙吴语相邻，西和北与江淮官话相连，南与徽语毗邻，与这些方言之间关系密切，表现出比较复杂的面貌。比如说，宣州吴语古全浊声母的演变就非常复杂，与周边方言大不相同。目前关于宣州吴语全面深入的材料非常少，因此有必要对宣州吴语进行深入系统的单点调查，出版一批比较系统的单点方言调查报告。

　　本书是2010年中国社会科学院重点课题"安徽吴语调查研究"的最终成果之一。该课题共调查记录了四个地点的宣州吴语，由课题组四位成员分别完成。这四个方言点是：安徽宣城（雁翅）（沈明调查）、安徽芜湖（六郎）（陈丽、刘祥柏调查）、安徽泾县（查济）（刘祥柏、陈丽调查）和江苏高淳（古柏）（谢留文调查）。调查内容包括语音系统，4000条左右的词汇、100个语法例句以及长篇标音语料多项。所有材料均为多次实地调查所得。

　　中国社会科学院语言研究所对本课题从立项到最后出版都给予了大力支持，中国社会科学院为本课题的最终成果提供了出版资助，在此表示衷心的感谢！

"安徽吴语调查研究"课题组
2015年10月15日

目 录

第一章 安徽芜湖六郎方言语音系统 ……………………………… (1)
  一 概说 ……………………………………………………………… (1)
  二 安徽芜湖六郎方言声韵调 ……………………………………… (2)
  三 安徽芜湖六郎方言单字音表 …………………………………… (5)

第二章 安徽芜湖六郎方言语音演变特点 ……………………… (11)
  一 声母演变特点 …………………………………………………… (11)
  二 韵母演变特点 …………………………………………………… (13)
  三 声调演变特点 …………………………………………………… (14)

第三章 安徽芜湖六郎方言音系与中古音比较 ……………… (15)

第四章 安徽芜湖六郎方言同音字汇 …………………………… (22)

第五章 安徽芜湖六郎方言分类词汇 …………………………… (42)
  一 天文 ……………………………………………………………… (43)
  二 地理 ……………………………………………………………… (44)
  三 时令 时间 ……………………………………………………… (46)
  四 农业 ……………………………………………………………… (49)
  五 植物 ……………………………………………………………… (51)
  六 动物 ……………………………………………………………… (54)
  七 房舍 ……………………………………………………………… (58)
  八 器具 用品 ……………………………………………………… (59)
  九 称谓 ……………………………………………………………… (63)
  十 亲属 ……………………………………………………………… (65)

  十一 身体 ·· (67)
  十二 疾病 医疗 ·· (71)
  十三 衣服 穿戴 ·· (73)
  十四 饮食 ·· (75)
  十五 红白大事 ·· (78)
  十六 日常生活 ·· (80)
  十七 讼事 ·· (82)
  十八 交际 ·· (84)
  十九 商业 交通 ·· (84)
  二十 文化教育 ·· (87)
  二十一 文体活动 ·· (89)
  二十二 动作 ·· (91)
  二十三 位置 ·· (94)
  二十四 代词等 ··· (95)
  二十五 形容词 ··· (97)
  二十六 副词 介词 ·· (99)
  二十七 量词 ·· (100)
  二十八 附加成分 ·· (102)
  二十九 数字等 ··· (103)

第六章 安徽芜湖六郎方言语法例句 ································ (107)

第七章 安徽芜湖六郎方言语料标音举例 ························ (121)
  一 谜语、歌谣等 ·· (121)
  二 民俗 ·· (124)

参考文献 ·· (145)

后记 ·· (146)

第一章　安徽芜湖六郎方言语音系统

一　概说

芜湖县位于安徽省芜湖市东南部，地处东经118°17′~118°44′，北纬30°57′~31°24′。东南邻宣城市宣州区，西南接南陵县，西北毗邻芜湖市区，东北与当涂县交界。面积670平方公里，人口35万人（2010年末），辖5个镇：湾沚镇、六郎镇、陶辛镇、红杨镇、花桥镇。县政府驻湾沚镇。

芜湖县古称鸠兹。汉武帝元封二年（公元前109年）置芜湖县，隋并入当涂县，五代南唐复置。1949年属芜当专区，1950年直属皖南行署，1951年属池州专区，1952年属芜湖专区。1959年撤销并入芜湖市，1961年复置芜湖县。

六郎镇地处芜湖县中部，青弋江、水阳江、赵义河依傍环绕，与湾沚镇、花桥镇等相连，地势平坦，水网密布，属典型的鱼米之乡。历史上这里曾经水草丰茂，鸠鸟聚集，随着移民的迁入，筑土成圩，大大小小13个圩口最终连成一体，形成13连圩。镇政府驻六郎，距县城11公里，下辖2个居委会、29个行政村。（以上资料节选自行政区划网 www.xzqh.org）

根据《中国语言地图集》（1987年），芜湖县方言属于吴语宣州片铜泾小片。芜湖县方言内部，当地人又区分为湾沚话、红杨镇（和平乡）话、横岗话、方村话等。本书记录的是芜湖县六郎镇许桥头话，与湾沚话接近。发音合作人有：许平，1981年出生，初中毕业，芜湖县六郎镇河东村人（许桥头组）；许永锦，1981年出生，初中毕业，芜湖县六郎镇河东村人（许桥头组）；许祚南，1942年出生，务农，芜湖县六郎镇河东村人（许桥头组）。本书以许平发音为主。调查时间：2012年8月8日—8

月 20 日，2014 年 5 月 9 日—5 月 21 日。

二　安徽芜湖六郎方言声韵调

1. 声母（28 个）

p	包饼布北	pʻ	铺品盼	hv	跑爬朋饭	m	幕美墨	f	峰访
t	刀短带夺	tʻ	滔毯退	hɾ	桃堂淡地	n	娘脑男纳	l	劳两乱落
ts	早奏紫作	tsʻ	仓草菜	hz	槽层座罪	s	骚锁宋		
tʂ	知展壮哲	tʂʻ	疮丑秤	hʐ	床树神舌	ʂ	霜善术	ʐ̞	人染让入
tɕ	将举教极	tɕʻ	枪起欠					ɕ	相小戏
k	姑果惯刮	kʻ	口困哭	h	行强群近	ŋ	哑欧眼	x	呼好喝
ø	安姨窝云								

说明：

① 浊音［hv hz hʐ］为强送气的浊擦音，［hɾ］为强送气的舌尖闪音。

②［ʐ̞］声母摩擦较弱，为半元音。

③［hv］声母拼洪音有人读为［v］或合口呼零声母，拼细音有人读为［vy］或撮口呼零声母。

2. 韵母（37 个）

ɿ	资瓷死柿	i	低提李地	u	猪鱼苦雾	y	居余语句
ʅ	支迟屎世						
a	巴马大家	ia	加峡假亚	ua	抓划寡画		
ə	者可何	ie	阶界懈耶				
ɛ	胎埋彩艾			uɛ	歪怀拐帅		
ɯ	偷楼手后	iu	丢流九右				
o	波罗左过			uo	窝鹅饿		
ɔ	包毛靠教	iɔ	飘苗巧笑				
ei	杯肥岁射			uei	追回鬼胃		
ɚ	儿耳二						
ɒ̃	端盘管汗						
an	班忙胆讲	ian	江粮想样	uan	关床晚望		
ən	生硬痕重	in	边林减京	uən	昆虫滚用	yn	军元选勇
ʔ	食植尺日	iʔ	熄笔铁力业	uʔ	骨屋桌弱	yʔ	削局月育

əʔ 答八法腊杀盒　　iəʔ 辖押　　　　uəʔ 活刷阔挖
ɤʔ 责北麦秃色黑

说明：

① [ɯ] 韵略有动程。

② [o] 韵舌位略高，介于 [u] 与 [o] 之间。

③ [ən in uən yn] 的鼻韵尾略微靠后。

④ [in yn] 两韵的实际音值为 [iin yyn]。[iʔ yʔ] 两韵的实际音值为 [iɪʔ yʏʔ]。

3. 声调（5个）

阴平 [˧˩] 31　高开三安　　　阳平 [˨˦] 24　扶穷人文

上声 [˨˩˧] 213　手口老有

去声 [˥˧] 53　岸汉大近

入声 [˥] 5　　急发药入

4. 连读变调

两字组连读变调主要有以下几种类型：

①阴平 [˧˩] 31 在阴平 [˧˩] 31 前变为 [˨˦] 24。

②阳平 [˨˦] 24 在阳平 [˨˦] 24、去声 [˥˧] 53、入声 [˥] 5 前变为 [˨] 22。

③上声 [˨˩˧] 213 在阴平 [˧˩] 31、阳平 [˨˦] 24、上声 [˨˩˧] 213 前变为 [˨˦] 24。

④去声 [˥˧] 53 在阴平 [˧˩] 31、阳平 [˨˦] 24、上声 [˨˩˧] 213、去声 [˥˧] 53、入声 [˥] 5 前变为 [˥] 55。

表1　两字组连读变调

前字＼后字	阴平 31	阳平 24	上声 213	去声 53	入声 5
阴平 31	24+31	——	——	——	——
阳平 24	——	22+24	——	22+53	22+5
上声 213	24+31	24+24	24+213	——	——
去声 53	55+31	55+24	55+213	55+53	55+5
入声 5					

* "——"表示不变调或有极个别例子。

表 2　两字组连读变调举例（仅限于变调词例，不发生变调的不再举例）

变调模式	举　例
阴平+阴平 31+31→24+31	山沟 ʂan˨˦ kɯ˧˩｜花生 xua˨˦ sən˧˩ 书包 ʂu˨˦ pɔ˧˩｜烧香 ʂɔ˨˦ ɕian˧˩
阳平+阳平 24+24→22+24	明年 mən˨˨ nin˨˦｜黄蛇 huan˨˨ hʐei˨˦ 鳝鱼 祠堂 hʐz̩˨˨ hran˨˦｜阎王 in˨˨ uan˨˦
阳平+去声 24+53→22+53	黄豆 huan˨˨ hɯɯ˥˧｜油菜 iu˨˨ tsʻɿ˥˧ 泥匠 ni˨˨ hian˥˧｜捶背 hʐuei˨˨ pei˥˧
阳平+入声 24+5→22+5	农历 nən˨˨ liʔ˥｜荷叶 ho˨˨ iʔ˥ 菩萨 hvu˨˨ səʔ˥｜逃学 tʻɔ˨˨ hʐuʔ˥
上声+阴平 213+31→24+31	水车 ʂuei˨˦ tʂʻei˧˩｜母猪 mo˨˦ tʂu˧˩ 表哥 piɔ˨˦ ko˧˩｜点灯 tin˨˦ tən˧˩
上声+阳平 213+24→24+24	草鱼 tsʻɔ˨˦ z̩u˨˦｜酒壶 tɕiu˨˦ hu˨˦ 守灵 ʂɯ˨˦ lin˨˦｜打球 ta˨˦ hiu˨˦
上声+上声 213+213→24+213	小满 ɕiɔ˨˦ mõ˨˩˧｜躺椅 tʻan˨˦ i˨˩˧ 土匪 tʻu˨˦ fei˨˩˧｜洗脸 ɕi˨˦ lin˨˩˧
去声+阴平 53+31→55+31	树梢 hʐu˥˥ ʂɔ˧˩｜大衣 hra˥˥ i˧˩ 定婚 hrin˥˥ xuən˧˩｜绣花 ɕiu˥˥ xua˧˩
去声+阳平 53+24→55+24	衬裙 tsʻən˥˥ hyn˨˦｜灶神 tsɔ˥˥ hʐən˨˦ 渡船 hrɯɯ˥˥ hʐõ˨˦｜坐牢 hzo˥˥ lɔ˨˦
去声+上声 53+213→55+213	暴雨 hvɔ˥˥ z̩u˨˩˧｜饭桶 hvan˥˥ tʻən˨˩˧ 熨斗 yn˥˥ tɯɯ˨˩˧｜跳远 tʻiɔ˥˥ yn˨˩˧
去声+去声 53+53→55+53	尿片 niɔ˥˥ pʻin˥˧｜地契 hri˥˥ tɕʻi˥˧ 字号 hʐz̩˥˥ xɔ˥˧｜上课 hʐan˥˥ kʻo˥˧
去声+入声 53+5→55+5	上学 hʐan˥˥ hʐuʔ˥｜炮竹 pʻɔ˥˥ tʂuʔ˥ 字帖 tsz̩˥˥ tʻiʔ˥｜待客 hrɤ˥˥ kʻəʔ˥

　　三字组及多字组连读变调情况未做系统全面的调查和归纳，后文词汇、语法例句及语料标音部分将根据语流中的实际声调随文标记。

三　安徽芜湖六郎方言单字音表

表3　安徽芜湖六郎方言单字音表

	ɿ	ʅ	i	u	y	a
	阴阳上去 平平声声 ˧ ˩ ˧ ˥	阴阳上去 平平声声 ˧ ˩ ˧ ˥	阴阳上去 平平声声 ˧ ˩ ˧ ˥	阴阳上去 平平声声 ˧ ˩ ˧ ˥	阴阳上去 平平声声 ˧ ˩ ˧ ˥	阴阳上去 平平声声 ˧ ˩ ˧ ˥
p pʻ hv m f			屄　比闭 批琵痞屁 　　　 迷米	玻　补布 铺脯普铺 扶　傅 模　暮 夫俘斧父	皮	巴　把坝 趴　　怕 　　爬 妈麻马骂
t tʻ hr n l			低　底第 梯提体替 　提　地 泥你膩 梨李利	堵杜 图土兔 徒 　　　怒 卢鲁赂	女 驴吕虑	打 他 　　　大 　哪那 拉拿喇那
ts tsʻ hz s	资　紫自 词此次 祠　柿 思　史四			祖 粗　楚锉 　　　诉		洒
tʂ tʂʻ hʐ ʂ ʐ		知　纸治 痴迟齿翅 　池　是 诗　始世		猪　主住 厨杵处 橱树 书　暑竖 如　羽玉		楂　诈 叉搽岔 茶 沙　傻厦
tɕ tɕʻ ɕ			鸡　挤计 妻岐起气 四　洗细		居　埻聚 区渠取趣 虚徐许絮	
k kʻ h ŋ x			齐　谢	姑　古故 枯　苦裤 胡　户 呼壶虎互		家　价 　　　卡 　　　下 丫牙雅砑 虾蛤
∅			衣姨野艺	乌吴五雾	淤愚宇狱	阿

续表

	ia	ua	ə	ie	ɛ	uɛ
	阴阳上去 平平声声 ˧ ˦ ˨ ˥	阴阳上去 平平声声 ˧ ˦ ˨ ˥	阴阳上去 平平声声 ˧ ˦ ˨ ˥	阴阳上去 平平声声 ˧ ˦ ˨ ˥	阴阳上去 平平声声 ˧ ˦ ˨ ˥	阴阳上去 平平声声 ˧ ˦ ˨ ˥
p p˙ hv m f					摆掰 派 排 派 牌 稗 埋 买 卖 ○	
t t˙ hɽ n l	爹				呆 带 胎 苔 太 抬 待 奶 乃 耐 来 赖	
ts ts˙ hz s					灾 宰 再 猜 才 彩 菜 裁 在 腮 赛	
tʂ tʂ˙ hʐ ʂ ʐ		抓 瓜 耍	者 蔗 佘 麝 惹		斋 宅 债 钗 豺 柴 筛 晒	拽 揣 摔 甩 帅
tɕ tɕ˙ ɕ	加 假 价 洽 虾 霞 夏			阶 解 戒 邪 懈		
k k˙ h ŋ x	夏	瓜 寡 挂 夸 垮 跨 划 话 花 华 化			该 改 盖 开 楷 鞋 害 揩 呆 矮 爱 孩 海 亥	乖 拐 怪 快 怀 坏
∅	鸦 芽 亚	蛙 瓦 瓦		耶	哀 藹 艾	歪 外

○ fɛ˧ 偏要

续表

	ɯ 阴平˩ 阳平˩ 上声˧ 去声˥	iu 阴平˩ 阳平˩ 上声˧ 去声˥	o 阴平˩ 阳平˩ 上声˧ 去声˥	uo 阴平˩ 阳平˩ 上声˧ 去声˥	ɔ 阴平˩ 阳平˩ 上声˧ 去声˥	iɔ 阴平˩ 阳平˩ 上声˧ 去声˥
p p' hv m f			波 薄 坡 婆 破 婆 摸膜亩幕		包雹宝报 泡 炮 袍跑抱 猫毛卯帽	标 表 飘嫖漂票 瓢 苗秒庙
	否	谬				
t t' hɾ n l	都 抖 逗 偷投土透 头 豆 奴 楼篓漏	丢 牛扭 留柳	多 朵跺 拖 妥 驼 舵 啰罗		刀 岛到 掏逃讨套 桃 稻 挠脑闹 捞牢老涝	刁 屌钓 挑调 跳 条 鸟尿 辽了料
ts ts' hz s	邹 走助 粗 醋 锄祚 疏 数素		左做 搓 错 坐 蓑 锁		遭 早灶 操曹草糙 槽 造 骚 嫂扫	
tʂ tʂ' hz ʂ z	周 肘宙 抽愁丑臭 寿 收手受 揉 肉				招 找照 超巢炒 潮 烧韶少绍 饶扰绕	
tɕ tɕ' ɕ		鸠 九救 秋囚糗 修 朽绣				焦 狡叫 悄乔巧鞘 消涌小笑
k k' h ŋ x	沟 狗够 抠 口扣 猴 厚 欧 藕怄 韵侯吼	球舅	哥 果过 棵 可课 河 祸 鹅我饿 禾火货		高 稿窖 敲 考靠 号 熬袄傲 蒿毫好耗	桥 轿
ø	偶	优油有右		窝鹅 饿	奥	妖摇舀要

续表

	ei	uei	ər	õ	an	ian
	阴阳上去 平平声声 ˧˥˨˥	阴阳上去 平平声声 ˧˥˨˥	阴阳上去 平平声声 ˧˥˨˥	阴阳上去 平平声声 ˧˥˨˥	阴阳上去 平平声声 ˧˥˨˥	阴阳上去 平平声声 ˧˥˨˥
p pʻ hv m f	杯　辈 胚赔　配 　肥匪被 　梅美妹 妃肥翡肺			搬　　伴 潘盘盆叛 　　　盘 　盲满漫	班　板棒 攀庞盼 　房　贩 　忙蟒慢 方矾访范	
t tʻ hɹ n l	堆　　对 推　腿退 　　　内 雷垒泪			端　短段 　　　坛 团　断 男暖 橹卵乱	丹　党旦 汤檀坦烫 糖毯淡 南　难 狼懒浪	娘仰酿 凉两亮
ts tsʻ hz s	嘴最 催　脆 　贼罪 虽随髓岁			钻　　钻 　　　窜 酸　蒜	脏攒葬 仓残惨灿 　　　蚕 三　　伞丧	
tʂ tʂʻ hʐ ʂ ʐ	遮　者 车　扯 蛇　社 赊谁舍射 　　　惹	追　　赘 　　　吹 茄　　坠 水　　税 蕊瑞		专　转转 穿传喘串 椽 　　　软	张　斩杖 昌缠产唱 　肠　仗 伤　闪善 燃染让	
tɕ tɕʻ ɕ					江　奖酱 枪强抢呛 香详想向	
k kʻ h ŋ x	给○	龟　鬼桂 亏葵跪愧 回　　会 灰茴悔汇		官　管灌 宽款看 寒罕 欢　　唤	刚　赶杠 康扛坎炕 含莟 庵　眼案 憨韩喊汉	墙匠
∅		微围伟胃	儿耳二	豌完碗腕	安昂　暗	央羊养样

○ keĩ˨ ~个: 那个

续表

	uan	ən	in	uən	yn
	阴阳上去 平平声声 ˧ ˩ ˨ ˥	阴阳上去 平平声声 ˧ ˩ ˨ ˥	阴阳上去 平平声声 ˧ ˩ ˨ ˥	阴阳上去 平平声声 ˧ ˩ ˨ ˥	阴阳上去 平平声声 ˧ ˩ ˨ ˥
p pʰ v m f		奔　本笨 喷彭捧喷 　盆凤 　门猛孟 分焚粉粪	边　丙变 偏频品骗 　名免命		瓶病
t tʰ ɦ n l	缎	灯　等盾 吞屯桶痛 　藤统动 　能嫩 　轮冷论	丁　点店 天廷挺掭 　田　电 拈年碾念 拎灵脸令		
ts tsʰ ɦz s	篡	睁　总纵 　村丛寸 　　层 生○损送			
tʂ tʂʰ ɦʐ ʂ ʐ	装　赚 窗　闯创 　床撞 霜　爽 　阮	针　枕证 冲橙逞趁 　晨剩 声绳审肾 扔人忍认		准 春唇蠢 虫　顺 兄　顺 　荣用	
tɕ tɕʰ ɕ			尖　井进 千秦请庆 心型显姓		军　卷眷 圈泉犬劝 胸熊选讯
k kʰ h ŋ x	光　广惯 　　牡矿 　黄　掼 荒环谎幻	根　埂更 空　肯控 　衡　恨 恩　　硬 轰恒很哄	钱浅近	滚棍 坤　捆困 　魂 　　昏混	裙
ø	弯王晚旺		音盐影艳	温文稳问	雍元远韵

○ sən˧ 精液

续表

	ɿʔ	iʔ	uʔ	yʔ	əʔ	iəʔ	uəʔ	ɤʔ
	入声˥	入声˥	入声˥	入声˥	入声˥	入声˥	入声˥	入声˥
p p· hv m f		笔劈灭			鼻	八帕拔末法		北拍白木福
t t· hɾ n l		敌铁碟捏立				答塔纳腊	虐	独突毒诺六
ts ts· hz s			足猝肃			扎擦杂撒		族测凿色
tʂ tʂ· hʐ ʂ ʐ	植吃石失日		竹出肉叔入			哲插舌杀热	刷	
tɕ tɕ· ɕ		接七习		局缺薛			脚雀辖	
k k· h ŋ x		席	骨哭或		学	割渴合鸭喝	刮阔滑	格客核恶黑
∅		一	屋	月		药	袜	额

第二章 安徽芜湖六郎方言语音演变特点

一 声母演变特点

1. 古全浊声母今读浊擦音

芜湖六郎方言古全浊声母字今读强送气浊擦音或闪音声母，与全清声母、次清声母构成对立。部分字今读清化声母，或同一个全浊字的文读音今读清化声母，清化类型与官话方言相似，逢塞音、塞擦音时，平声送气，仄声不送气。

庄组字此处按照知系统一列表，实际今读根据韵母分化为两类，一类归入精组，一类归入知章组，下文另述。

表 4 古全浊字今读声母对照表

古全浊声母		今读声母	例字
帮系	並母	ɦv	跑 ɦvɔˊ
	奉母		饭 ɦvanˋ
端组	定母	ɦɾ	大 ɦɾaˋ
精组	从母洪音	ɦz	槽 ɦzɔˊ
	邪母洪音		祠 ɦzɿˊ
	从母细音	ɦ	匠 ɦianˋ
	邪母细音		像 ɦianˋ
知系	澄母	ɦʐ	锤 ɦʐueiˊ
	崇母		柴 ɦʐæˊ
	船母		舌 ɦʐɕʔˊ
	禅母		折 ɦʐɕʔˊ
见系	群母	ɦ	勤群 ɦinˊ ɦynˊ
	匣母		回形 ɦueiˊ ɦinˊ

由上表可见，芜湖六郎方言无论今读洪音还是细音，古全浊塞音塞擦

音与相应的全浊擦音相混，具体来说，就是从邪不分，船禅不分，群匣不分。并母与奉母与此类似，如果把六郎话奉母看作是并母的相应浊擦音，也同样存在并奉不分的情形。例如：

从邪不分：匠＝像 hiaŋ˧ 　　船禅不分：舌＝折 hzə?˨

群匣不分：勤＝形 ˌhin 　　并奉不分：办＝饭 hvan˧

2. 尖团合流

精组字、见晓组今读细音时，声母均读［tɕ tɕʻ ɕ］声母。比如：

精：见 津＝巾 ˌtɕin 　　　清：溪 亲＝钦 ˌtɕʻin

从：群 全＝拳 ˌhyn 　　　心：晓 心＝欣 ˌɕin

3. 古精组与知章组今读［ts tʂ］有别

古精组今读洪音时声母是［ts tsʻ s hz］，今读细音时声母是［tɕ tɕʻ ɕ h］；古知章组合流今读［tʂ tʂʻ ʂ hz］声母。

精组洪音：遭 ˌtsɔ 　　精组细音：焦 ˌtɕiɔ 　　知章组：朝招 ˌtʂɔ

4. 古庄组字的演变属南京型，根据韵母元音高低分别归入精组和知章组，韵母为高元音或中高元音，归入精组，今读［ts tsʻ s hz］声母；韵母为低元音，归入知章组，今读［tʂ tʂʻ ʂ hz］声母。例如：

精组　　　私 ˌsɿ｜增 ˌtsən｜赞 tsan˧

庄组　　　师 ˌsɿ｜争 ˌtsən｜蘸 tʂan˧

知章组　　诗 ˌʂɿ｜贞征 ˌtʂən｜站占 tʂan˧

5. 古日母字读音属官话方言类型，除止开三读零声母外今读［ʐ］声母。例如：

人 ˌʐən｜日 ʐʅ?˨｜润 ʐuen˧｜儿 ˌər

6. 古疑母字白读洪音［ŋ］声母，细音［n］声母；文读同云、以母字，为零声母。例如：

　　　　　雁　　　　疑

白读　　ŋan˧　　　ˌni

文读　　in˧　　　　ˌi

7. 见系开口二等字白读洪音，为［k kʻ x h］声母，文读细音，为［tɕ tɕʻ ɕ］声母。例如：

　　　　　解　　　　鞋

白读　　ˈkɛ　　　　ˌhɛ

文读　　ˈtɕie　　　 ˌɕie

二 韵母演变特点

1. 韵母接近江淮官话类型

一二等韵主元音没有系统对立，三四等韵主元音没有系统对立。一二等韵多为低元音，三四等韵为相应细音，带有介音，或者主元音高化。

三四等韵效流宕摄后元音韵没有高化现象，与一二等韵主要是有无细音介音上的差异；三四等韵假蟹咸山摄前元音韵有高化现象，蟹摄三四等韵高化并入止摄，咸山三四等韵高化并入深臻摄。

2. 韵类分合关系

（1）蟹止合流。蟹摄开口三四等字与止摄开口三等字合流，今读［i］韵，或相应的舌尖元音［ɿ ʅ］韵；蟹摄一等合口以及三四等合口字读［ei uei］韵，与止摄合口字合流。例如：

蟹摄开三四　　例丽 liˀ　　　制 tʂʅˀ
止开三　　　　利　liˀ　　　　至 tʂʅˀ
蟹合一　　　　催 ˪tsʻei　　　灰 ˪xuei
蟹合三四　　　脆 tsʻeiˀ　　　桂 kueiˀ
止合三　　　　嘴 ˁtsuei　　　贵 kueiˀ

（2）咸山宕江合流。咸山摄开口一二等字大多今读［an］韵，山合二今读［uan］韵，宕江摄今读［an ian uan］韵。形成咸山宕江部分合流，也就是所谓［an aŋ］不分。

咸山开一　　　担单 ˪tan
咸山开二　　　参餐 ˪tsʻan
山合二　　　　　　　　　　　　闩 ˪ʂuan
宕江开口　　　当 ˪tan 仓 ˪tsʻan　　霜双 ˪ʂuan

（3）深臻曾梗合流。深臻摄开口字与曾梗摄开口字合流，今读［ən in］韵。也就是所谓［ən əŋ］不分。例如：

深臻　　　　针真 ˪tʂən　　　音因 ˪in
曾梗　　　　蒸征 ˪tʂən　　　应英 ˪in

（4）开合口合流。主元音为中元音的端组、精组合口字，今读开口韵，与相应的开口韵合流。例如：

	端组	精组
蟹止	队 tei⁼	催 ˬtsʻei｜翠 tsʻei⁼
臻	墩 ˬtən	村 ˬtsʻən

（5）寒桓分韵。与蟹摄合口一等高化今读［ei uei］韵，归入止摄三等相似，山摄合口一等高化今读［õ］韵，与山摄合口三等知系字合流。从而形成山摄一等韵开合口主元音不同，与合口二等字形成最小对立。也就是官关有别。山摄开口一等见系字白读入合口一等。

	端系	知系	见系
咸山开一	担单 ˬtan		竿 ˬkan｜肝 ˬkõ
山合一	端 ˬtõ		官 ˬkõ
山合二		闩 ˬʂuan	关 ˬkuan
山合三		专 ˬtʂõ	

（6）入声韵类根据主元音高低分为两类。高元音类入声韵为［ɤʔ ɿʔ iʔ uʔ yʔ］，中低元音类入声韵为［əʔ iəʔ uəʔ］。大体上，咸山一二等及三等知系入声韵主元音为低元音类入声韵［əʔ iəʔ uəʔ］；咸山摄其余三四等入声韵、宕江深臻曾梗通摄入声韵为高元音类入声韵［ɤʔ ɿʔ iʔ uʔ yʔ］。

三　声调演变特点

1. 今声调5个

阴平［˧˩］31　　上声［˨˩˧］213　　去声［˥˧］53　　入声［˥］5
阳平［˨˦］24

2. 声调演变特点

古平声按照声母清浊今分阴阳平，古清上、次浊上今读上声，古全浊上、古去声今读去声，古入声今读入声。

表5　芜湖六郎方言声调演变特点

平声		上声			去声	入声
清	浊	清	次浊	全浊		
阴平 31	阳平 24	上声 213			去声 53	入声 5

第三章　安徽芜湖六郎方言音系与中古音比较

表6　安徽芜湖六郎方言声调与《广韵》声调比较表

		阴平 [˧˩] 31	阳平 [˨˦] 24	上声 [˨˩˧] 213	去声 [˥˧] 53	入声 [˥] 5
平	清	高边粗飞				
	次浊		人鹅龙麻			
	全浊		穷唐寒才			
上	清			古展走碗		
	次浊			老女买有		
	全浊				技盾兆待	
去	清				菜带过裤	
	次浊				望让漏岸	
	全浊				大树共饭	
入	清					竹七得黑
	次浊					麦月六热
	全浊					白舌学俗

表7 安徽芜湖六郎方言声母与《广韵》声母比较表

	清		全浊	
			平	仄
帮组	帮 包 pɔ˨	滂 披 pʻi˨	并 盆 hvən˧ 蒲 pʻu˧	抱 hvɔ˥ 败 pɛ˥
非组	非 夫 fu˨	敷 芳 fan˨	奉 肥 hvei˧ 扶 fu˧	饭 hvan˥ 奉 fən˥
端泥组	端 多 to˨	透 腿 tʻei˨	定 桃 hɔ˧ 庭 tʻin˧	稻 hɔ˥ 队 tei˥
精组	精 左 tso˨ 姐 tɕi˨	清 粗 tsʻu˨ 侵 tɕʻin˨	从 槽 hzɔ˧ 存 tsʻən˧ 墙 hian˧ 樵 tɕʻiɔ˧	座 hzo˥ 皂 tsɔ˥ 匠 hian˥ 渐 tɕin˥
知组	知 知 tʂʅ˨	彻 痴 tʂʻʅ˨	澄 池 hzʅ˧ 迟 tʂʻʅ˧	丈 hzan˥ 赵 tʂɔ˥
庄组	庄 阻 tsu˨ 庄 tʂuan˨	初 楚 tsʻu˨ 窗 tʂʻuan˨	崇 锄 hzɯ˧ 床 hzʻuan˧ 愁 tʂʻɯ˧	事 hzʅ˥ 助 tsɯ˥ 镯 hzʻuʔ˥ 骤 tʂɯ˥
章组	章 朱 tʂu˨	昌 齿 tʂʻʅ˨	船 蛇 hʐei˧ 绳 ʂen˧	剩 hʐən˥ 顺 ʂən˥
日母				
见晓组	见 哥 ko˨ 鸡 tɕi˨	溪 苦 kʻu˨ 欺 tɕʻi˨	群 棋 hi˧ 乔 tɕʻiɔ˧	柜 kuei˥ 轿 hiɔ˥ 具 tɕy˥
影组	影 爱 ŋɛ˥ 衣 i˨ 威 uei˨ 淤 y˨			

续表

次浊		清		全浊			
				平		仄	
明 马 maɹ							帮组
微 无 uɹ							非组
泥 年 ninɹ	来 莲 linɹ						端泥组
		心 苏 sɯɹ 洗 ɕiɹ		邪 祠 hzɿɹ 松 sənɹ 斜 hiɹ 徐 ɕyɹ		饲 hzɿˋ 寺 sɿˋ 像 hianˋ 袖 ɕiuˋ	精组
							知组
		生 生 sənɹ 筛 ʂɛɹ					庄组
		书 收 ʂɯɹ		禅 垂 hzueiɹ 时 ʂɿɹ 蝉 tʂanɹ		上 hzanˋ 受 ʂɯˋ	章组
日	如 ʐuɹ 儿 ərɹ						日母
疑	熬 ŋɔɹ 牛 niuɹ 颜 inɹ 鱼 ʐuɹ	晓 花 xuaɹ 虚 ɕyɹ		匣 回 hueiɹ 壕 xɔɹ 形 hinɹ 闲 ɕinɹ		后 huˋ 画 xuaˋ 现 hinˋ 限 ɕinˋ	见晓组
云	有 iuɹ 伟 ueiɹ 雨 yɹ	以 摇 iɔɹ 维 ueiɹ 榆 yɹ 裕 ʐuˋ					影组

表 8-1　安徽芜湖六郎方言韵母与《广韵》韵母比较表

	一等			二等			
	帮系	端系	见系	帮系	泥组	知庄组	见系
果开		多 toˋ 他 tˈaˋ	哥 koˋ				
果合	波 poˋ 破 pˈuˋ	坐 hzoˊ	货 xoˊ 锅 kuˋ				
假开				马 maˋ	拿 laˋ	沙 ʂaˋ	家 kaˋ tɕiaˋ
假合						傻 ʂaˋ	花 xuaˋ
遇摄	补 puˋ	土 tˈɯˋ 粗 tsˈuˋ	苦 kˈuˋ				
蟹开	贝 peiˊ	台 tˈɜˊ	开 kɜˋ	排 pˈɜˊ	奶 nɜˋ	柴 hzɜˊ	街 kɜˋ 阶 tɕieˋ
蟹合	梅 meiˊ	对 teiˊ	灰 xueiˋ 外 uɜˊ			拽 tʂueˊ	怪 kuɜˊ 挂 kuaˊ
止开							
止合							
效摄	毛 mɔˊ	刀 tɔˋ	高 kɔˋ	包 pɔˋ	闹 nɔˊ	吵 tʂˈɔˋ	敲 kˈiɔˋ tɕiɔˋ
流摄	母 mɔˋ 贸 mɔˊ	斗 tɯˋ	狗 kɯˋ				
咸舒		贪 tˈanˋ	甘 kanˋ			斩 tʂanˋ	陷 hanˊ ɕinˊ
深舒							
山开舒		单 tanˋ	汉 xanˋ 看 kˈõˋ	班 panˋ		山 ʂanˋ	眼 nanˋ inˋ
山合舒	搬 põˋ 满 manˋ	短 tõˋ	管 kõˋ 皖 uanˋ			闩 ʂuanˋ	关 kuanˋ
臻开舒		吞 tˈnɯˋ	根 kənˋ				
臻合舒	门 mənˊ	寸 tsˈnɛˊ	滚 kuənˋ				
宕开舒	帮 panˋ	汤 tˈanˋ	钢 kanˋ				
宕合舒			光 kuanˋ				
江舒				棒 panˊ		双 ʂuanˋ	讲 kanˋ tɕianˋ

续表

三四等								
帮系	端组	泥组	精组	庄组	知章组	日母	见系	
							茄 hʐuei˧	果开
							靴 ʂuei˧	果合
			写 ɕi˨ 邪 ɕie˧		蛇 hʐei˧ 蔗 tʂɤ˦	惹 ʐei˨ ʐɤ˨	夜 i˦	假开
								假合
夫 fu˧		女 ny˨	取 tɕy˨	梳 su˧ 疏 ʂu˧	朱 tʂu˧	如 ʐu˧	居 tɕy˧ 芋 ʐu˦	遇摄
米 mi˨	低 ti˧	礼 li˨	西 ɕi˧		世 ʂɿ˦		鸡 tɕi˧	蟹开
肺 fei˦			岁 sei˦		税 ʂuei˦		桂 kuei˦	蟹合
碑 pei˧ 比 pi˨	地 hri˦	梨 li˧	死 sɿ˨	师 sɿ˧	纸 tʂɿ˨	耳 ər˨	骑 hi˧	止开
飞 fei˧		类 lei˦	嘴 tsei˨	帅 ʂuɛ˦	水 ʂuei˨	蕊 ʐuei˨	规 kuei˧	止合
苗 miɔ˧	钓 tiɔ˦	料 liɔ˦	笑 ɕiɔ˦		赵 tʂɔ˦	饶 ʐɔ˧	叫 tɕiɔ˦	效摄
富 fu˦ 谋 mo˧	丢 tiu˧	流 liu˧	酒 tɕiu˨	瘦 sɯ˦	收 ʂɯ˧	柔 ʐɯ˧	牛 niu˧	流摄
帆 fan˧	店 tin˦	念 nin˦	尖 tɕin˧		闪 ʂan˨	染 ʐan˨	检 tɕin˨	咸舒
品 pʰin˨		林 lin˧	心 ɕin˧	森 sən˧	深 ʂən˧	壬 ʐən˧	琴 tɕin˧	深舒
边 pin˧	天 tʰin˧	连 lin˧	鲜 ɕin˧ ɕyn˧		善 ʂan˦	燃 ʐan˧	肩 tɕin˧	山开舒
反 fan˨			宣 ɕyn˧		船 hʐõ˧	软 ʐõ˨	卷 tɕyn˨ 沿 in˧	山合舒
宾 pin˧		邻 lin˧	新 ɕin˧	衬 tsʰən˦	真 tʂən˧	人 ʐən˧	斤 tɕin˧	臻开舒
粉 fən˨		轮 lən˧	遵 tsən˧ 俊 tɕyn˦		顺 ʂuən˦	闰 ʐuən˦	军 tɕyn˧	臻合舒
		凉 lian˧	墙 hian˧	庄 tʂuan˧	章 tʂan˧	让 ʐan˦	香 ɕian˧	宕开舒
方 fan˧							光 kuan˧	宕合舒
								江舒

表 8-2　安徽芜湖六郎方言韵母与《广韵》韵母比较表

	一等			二等			
	帮系	端系	见系	帮系	泥组	知庄组	见系
曾开舒	崩 pən˧	灯 tən˧	肯 kʰən˥				
曾合舒			弘 xən˧				
梗开舒				彭 pʰəŋ˧	冷 ləŋ˧	生 səŋ˧	耕 kəŋ˧ 杏 ɕin˥
梗合舒							宏 xəŋ˧
通舒	蒙 məŋ˧	东 təŋ˧	空 kʰəŋ˧				
咸入		塔 tʰəʔ˥	喝 xəʔ˥			插 tʂʰəʔ˥	甲 kəʔ˥ tɕiəʔ˥
深入							
山开入		辣 ləʔ˥	割 kəʔ˥	八 pəʔ˥		杀 ʂəʔ˥	瞎 xəʔ˥ 辖 ɕiəʔ˥
山合入	沫 mɤʔ˥	脱 tʰɤʔ˥	阔 kʰuəʔ˥			刷 ʂuəʔ˥	滑 huəʔ˥
臻开入							
臻合入	不 pɤʔ˥	突 tʰɤʔ˥	骨 kuʔ˥				
宕开入	博 pɤʔ˥	落 lɤʔ˥	阁 kɤʔ˥ 鹤 xəʔ˥				
宕合入			郭 kuʔ˥ 霍 xɤʔ˥				
江入				剥 pɤʔ˥		桌 tʂuʔ˥	岳 yʔ˥ 握 uʔ˥
曾开入	北 pɤʔ˥	则 tsɤʔ˥	黑 xɤʔ˥				
曾合入			国 kuʔ˥				
梗开入				百 pɤʔ˥		拆 tsʰɤʔ˥	客 kʰɤʔ˥
梗合入							获 xuʔ˥ 划 xuaʔ˧
通入	木 mɤʔ˥	毒 hɤʔ˥	哭 kʰuʔ˥				

续表

三四等								
帮系	端组	泥组	精组	庄组	知章组	日母	见系	
冰 piŋ˩		陵 liŋˊ			蒸 tʂəŋ˩	仍 zneŋˊ	兴 ɕiŋ˩	曾开舒
								曾合舒
丙 piŋ˩	听 t·iŋˊ	令 liŋˊ	晴 hiŋˊ		城 tʂəŋˊ		京 tɕiŋ˩	梗开舒
							泳 yn˩ 萤 in˩	梗合舒
风 fəŋ˩		龙 ləŋˊ	松 snəŋ˩	崇 tʂəŋˊ	众 tʂəŋ˩	绒 zuəŋˊ	穷 hyn˩ hzuən˩	通舒
法 fəʔ˥	贴 t·iʔ˥	猎 liʔ˥	接 tɕiʔ˥		涉 ʂəʔ˥		叶 iʔ˥	咸入
		立 liʔ˥	集 tɕiʔ˥	涩 səʔ˥	汁 tʂʅʔ˥	入 zuʔ˥	及 tɕiʔ˥	深入
灭 miʔ˥	铁 t·iʔ˥	烈 liʔ˥	节 tɕiʔ˥		舌 hzəʔ˥	热 zəʔ˥	揭 tɕiʔ˥	山开入
发 fəʔ˥		劣 liʔ˥	雪 ɕiʔ˥ 绝 tɕyʔ˥		说 suʔ˥		缺 tɕyʔ˥	山合入
笔 piʔ˥		栗 liʔ˥	七 tɕiʔ˥	虱 sɤʔ˥	失 ʂʅʔ˥	日 zʅʔ˥	一 iʔ˥	臻开入
物 uʔ˥		律 liʔ˥	戌 ɕyʔ˥		出 tʂuʔ˥		屈 tɕyʔ˥	臻合入
		掠 liʔ˥	削 ɕyʔ˥		绰 tʂuʔ˥	弱 zuʔ˥	脚 tɕiəʔ˥ tɕyʔ˥	宕开入
								宕合入
								江入
逼 piʔ˥		力 liʔ˥	息 ɕiʔ˥	色 sɤʔ˥	直 tʂʅʔ˥		极 tɕiʔ˥	曾开入
							域 y˥	曾合入
壁 piʔ˥	踢 t·iʔ˥	历 liʔ˥	席 ɕiʔ˥		石 hzʅʔ˥		吃 tʂʅʔ˥ 泽 iŋ˥	梗开入
							疫 i˥	梗合入
服 fɤʔ˥		六 lɤʔ˥	肃 suʔ˥ 宿 sɤʔ˥	缩 sɤʔ˥	叔 ʂuʔ˥	肉 hzuʔ˥	局 tɕyʔ˥ 玉 zy˥	通入

第四章　安徽芜湖六郎方言同音字汇

说　明

1. 本同音字汇所收的字，都是六郎吴语的常用字，包括以下几个来源：

①《方言调查字表》（修订本，中国社会科学院语言研究所编，1981年12月新一版）里六郎吴语口语用到的字。

②六郎吴语口语常用，但《方言调查字表》未收的字。不过这些字都见于《广韵》或《集韵》。

③本字汇也包括一些写不出字形的音节，一律用方框"□"表示并加以注释。

2. 字下加"＝"表示文读，字下加"＿"表示白读。六郎方言文读层与相邻江淮官话相近，白读层与其他吴语方言相近，同一个字有文白异读较为普遍，不再一一标注使用环境，部分字词使用环境较为明显的，加注词例。

3. 本字表先按韵母分类，同韵的字按声母顺序排列，声韵母相同的按声调顺序排列。

ɿ

ts 　[˧]资姿咨滋　[˥]紫姊子梓滓　[˩]自字
tsʻ　[˧]瓷慈磁辞词　[˥]此　　[˩]刺疵赐次伺~候
hz 　[˧]糍~粑祠　[˥]事~情饲~料侍服~自字柿士道~
s 　 [˧]斯撕私司丝思师蛳厕狮　[˥]死使史驶　[˩]四肆似祀巳寺嗣仕士柿

ɿ

tṣ [˩]知蜘支枝肢栀脂之芝　[˧]纸只~有旨指止趾址沚　[˥]滞制智致稚至痔治志痣翅~膀,又音

tṣ· [˩]侈痴嗤　[˧]驰迟持　[˧]耻齿　[˥]翅~膀,又音

hz̩ [˧]池时　[˥]是　[˩]匙钥~,汤~子

ş [˩]施师狮尸诗　[˧]时　[˧]屎始　[˥]世势誓逝是氏示视嗜试市式侍服~

i

p [˩]屄　[˧]彼鄙比　[˥]蔽闭弊币毙陛鐾臂譬婢避秘痹

p· [˩]批坯披匹　[˧]皮~肤琵枇　[˧]痞　[˥]屁

m [˧]迷谜是个~弥靡　[˧]米

t [˩]低爹爷爷　[˧]底抵　[˥]弟第递

t· [˩]梯　[˧]堤题提蹄　[˧]体　[˥]替剃屉啼剔弟

hɾ [˧]提蹄　[˥]地弟~兄第

n [˧]泥倪尼疑　[˧]你　[˥]腻

l [˧]黎离~开篱璃梨厘狸　[˧]礼李里理鲤　[˥]例厉丽荔利痢吏离~个里（距离这里）

tɕ [˩]鸡饥肌基几~乎机讥饥　[˧]姐挤几茶~己几~个　[˥]借藉祭际济剂计继系~鞋带寄技妓纪记忌既季寂荠荠菜

tɕ· [˩]妻欺期蛆　[˧]岐歧旗其　[˧]启企起杞岂祈乞娶~亲　[˥]去来来, 悼砌契器齐气汽讫　[˩]豉豆

ɕ [˩]此西栖犀溪奚玺牺嬉熙希稀析分　[˧]写洗喜蟢~蛛子　[˥]汙谢细系关~戏

h [˧]齐脐荠~子（荠荠）其旗棋奇骑祁斜椅　[˥]谢多~

ø [˩]医衣依　[˧]宜仪谊移姨沂遗棋疑爷县官老~　[˧]也野蚁蚂~子倚蟢~蛛子已以椅　[˥]夜艺瞖义议易意异毅逸忆亿翼比~双飞易蜴液腋疫役谢多~

u

p	[˨] 菠~菜跛玻　[˧] 补捕　[˥] 簸~一~布怖部簿步埠蚌~
pʻ	[˨] 坡铺动词　[˧] 婆~家,老~脯胸~蒲~公英　[˦] 谱普浦　[˥] 破铺店~剖
hv	[˦] 菩扶浮~子符一张~　[˥] 傅师~
m	[˦] 模~子　[˥] 暮
f	[˨] 夫肤敷孵麸　[˦] 俘芙符扶浮飘~　[˥] 府腑俯甫脯果~斧抚釜腐辅阜~阳　[˧] 付赋天~傅姓赴讣~告父附富副妇~女负
t	[˨] 堵赌犊　[˥] 妒杜镀
tʻ	[˦] 屠途涂图　[˧] 土　[˥] 唾~沫子兔
hɾ	[˦] 徒
n	[˥] 怒
l	[˦] 卢鲈炉芦庐　[˧] 努鲁虏卤　[˥] 擦赂路露捋~上去
ts	[˧] 祖阻
tsʻ	[˨] 粗　[˧] 楚　[˥] 锉
s	[˥] 诉数~字,~学
tʂ	[˧] 猪诸诛蛛株朱珠车~马炮　[˧] 煮拄主矩举　[˥] 著驻注柱住蛀铸锯据句具巨剧
tʂʻ	[˦] 除储厨渠水~　[˧] 褚楚础处相~杵鼠老~子　[˥] 处~所去~年
hẓ	[˦] 橱除~孝　[˥] 树柱
ʂ	[˨] 疏书舒枢输殊须　[˧] 暑鼠~目寸光署薯许~愿,姓~戍卫~区蜀　[˥] 恕竖
ʐ	[˦] 如汝鱼渔儒娱喻瑜于等~余　[˧] 乳雨落~禹羽辱语薯马铃~　[˥] 遇芋裕玉
k	[˨] 锅姑茹孤箍　[˧] 古估股鼓　[˥] 故固雇顾
kʻ	[˨] 科棵颗一~珍珠枯　[˧] 苦　[˥] 库裤
h	[˦] 胡湖糊蝴狐壶　[˥] 户瓠~子,~瓜
x	[˨] 呼乎　[˦] 胡湖糊蝴狐壶葫~芦　[˧] 虎浒　[˥] 户护沪互
ø	[˨] 乌污戊巫诬侮鹉　[˦] 吴蜈吾梧无菩婆~家胡湖糊扶浮~子　[˧] 五伍午武舞　[˥] 误悟焐恶务雾勿户护瓠~子妇媳~

第四章　安徽芜湖六郎方言同音字汇

y

hv　[˧]皮蛇~疲脾庀
n　[˧]女
l　[˧]驴　[˧]吕旅缕屡履　[˥]虑滤
tç　[˧]车~马炮居拘驹　[˧]举　[˥]巨拒距聚俱惧句具据剧~烈,戏~
tç·　[˧]趋~势区驱　[˧]渠~道　[˧]取娶　[˥]趣
ç　[˧]虚嘘须需吁~一口气　[˧]徐　[˧]许允~,姓~　[˥]絮序叙绪续穗~
　　~子　[˨]荽芫
ø　[˧]于在~淤迂　[˧]余于等~愚盂榆愉　[˧]语雨宇与　[˥]御誉预豫
　　~剧寓愈域狱欲浴芋

a

p　[˧]巴芭疤粑　[˧]把—~　[˥]霸把刀~坝罢
p·　[˧]趴　[˥]怕　[˨]杷枇~琶琵~
hv　[˧]耙爬扒~手
m　[˧]蟆妈　[˧]麻　[˧]马码蚂　[˥]骂
t　[˧]打
t·　[˧]他
hɻ　[˥]大
n　[˧]哪（又）　[˥]那（又）
l　[˧]拉　[˧]拿　[˧]喇哪　[˥]那
s　[˧]洒撒~肥料
tʂ　[˧]直扎揸渣　[˨]许榨炸~弹午栅~栏
tʂ·　[˧]叉杈差　[˧]搽　[˥]岔
hʐ　[˧]茶苴查调~
ʂ　[˧]沙纱　[˧]傻　[˥]厦前厅后~
k　[˧]家　[˥]架搭~子,~起来嫁尬
k·　[˧]揩卡
h　[˥]夏下—~

ŋ　　[˩]伢小~妮丫　　[˧]牙蚜衙　　[˨]雅~座哑　　[˥]砑
x　　[˩]虾　　[˧]蛤~蟆
∅　　[˩]阿

ia

t　　[˩]爹父亲
tɕ　　[˩]加嘉家佳　　[˧]假贾姓　　[˥]架~起来驾稼价
tɕ'　　[˩]恰洽
ɕ　　[˩]虾鱼~　　[˧]霞狭峡　　[˥]下夏厦~门
h　　[˥]下~午夏
∅　　[˩]鸦爷姑~~（姑父）　　[˧]芽涯崖　　[˥]亚

ua

tʂ　　[˩]抓　　[˧]爪
ʂ　　[˩]耍
k　　[˩]瓜　　[˧]寡剐　　[˥]挂卦褂
k'　　[˩]夸　　[˧]侉垮　　[˥]跨
h　　[˧]划~船　　[˥]话讲~画
x　　[˩]花　　[˧]华桦划　　[˥]化画话划计~
∅　　[˩]蛙洼　　[˧]瓦砖~　　[˥]瓦~匠

ə

tʂ　　[˧]者　　[˥]蔗
ʂ　　[˧]佘　　[˥]麝赦
z　　[˧]惹

ie

tɕ　　[˩]皆阶　　[˧]解讲~　　[˥]介界芥疥届戒械
ɕ　　[˧]邪不信~谐斜鞋　　[˥]懈解姓

第四章 安徽芜湖六郎方言同音字汇

ø　[˩]耶

ɛ

p　　[˩]摆　[˥]拜败别不要
pʻ　　[˨]排　[˥]派
hv　　[˨]排牌　[˥]稗败拜
m　　[˨]埋　[˩]买　[˥]卖迈
f　　[˥]□偏要
t　　[˩]呆发~　[˥]戴带贷代~~相传
tʻ　　[˨]胎台天~　[˨]台~风苔　[˥]态太泰
hɾ　　[˨]苔台~子抬　[˥]待怠代一~袋大~夫
n　　[˨]奶~~　[˩]乃奶乳　[˥]耐奈
l　　[˨]来　[˥]赖癞
ts　　[˨]灾栽　[˩]宰载年~　[˥]再载~重,满~在
tsʻ　　[˨]猜　[˨]才材财　[˩]彩采睬踩　[˥]菜蔡
hz　　[˨]裁才材财　[˥]在
s　　[˨]腮鳃塞~满　[˥]赛
tʂ　　[˨]斋　[˨]宅老~　[˥]债寨
tʂʻ　　[˨]钗差出~　[˨]豺
hʐ　　[˨]豺柴
ʂ　　[˨]筛　[˥]晒
k　　[˨]该秸麦~,稻~街　[˩]改解~东西　[˥]概溉盖丐
kʻ　　[˨]开揩　[˩]凯慨楷
h　　[˨]鞋　[˥]害~人亥
ŋ　　[˨]捱　[˩]呆不灵活　[˩]矮　[˥]爱
x　　[˨]孩　[˩]海蟹毛~,铁~(黄色,小蟹)　[˥]亥骇
ø　　[˨]哀埃挨　[˩]蔼　[˥]碍艾隘

uɛ

tʂ　　[˥]拽跩~子(手残的人)

tʂʻ	[˧]揣				
ʂ	[˧]衰摔	[˨]甩	[˥]帅率蟀		
k	[˧]乖	[˨]拐	[˥]怪		
kʻ	[˧]会~计块快筷				
h	[˧]怀槐淮	[˥]坏			
ø	[˧]歪	[˥]外			

ɯ

f	[˧]否				
t	[˧]都兜	[˨]肚斗量词抖蚪陡	[˥]度斗动词逗		
tʻ	[˧]偷	[˧]投	[˨]土吐~痰	[˥]吐呕~透兔	
hɾ	[˧]徒头	[˥]渡豆痘			
n	[˨]奴				
l	[˧]鸬楼炉芦	[˨]篓搂	[˥]路露鹭漏陋		
ts	[˧]租邹	[˨]组走祖	[˥]助奏皱绉		
tsʻ	[˧]粗初	[˥]醋凑			
hz	[˧]锄	[˥]祚			
s	[˧]梭苏酥梳蔬搜馊	[˨]所数动词	[˥]素塑嗦数名词嗽瘦漱		
tʂ	[˧]周舟州洲	[˨]肘	[˥]昼纣宙骤咒		
tʂʻ	[˧]抽	[˧]绸稠筹愁仇酬	[˨]丑	[˥]臭	
hʐ	[˨]兽寿做~				
ʂ	[˧]收	[˨]手首守	[˥]兽寿受授售		
ʐ	[˧]柔揉	[˥]肉			
k	[˧]勾钩沟	[˨]狗苟	[˥]够构购勾~当		
kʻ	[˧]抠眍有点个~	[˨]口	[˥]叩三~首扣寇		
h	[˧]喉猴	[˥]后厚候~下子			
ŋ	[˨]欧瓯~子	[˨]藕呕	[˥]怄		
x	[˧]齁	[˧]侯	[˨]吼		
ø	[˧]偶配~,~然殴~打				

iu

m   [˩]谬
t   [˨]丢
n   [˧]牛   [˨]纽扭
l   [˧]流刘留榴硫琉溜馏   [˨]柳
tɕ   [˨]揪鬏巴巴~鸠阄纠   [˧]酒九久韭   [˩]就灸救究
tɕ· [˨]秋鳅丘   [˧]囚仇姓   [˨]糗
ɕ   [˨]修羞休   [˧]朽   [˩]秀绣宿星~锈袖领~嗅
h   [˧]求球   [˨]袖~子舅臼旧就
ø   [˨]忧优悠幽   [˧]尤邮由油游犹   [˨]有友酉   [˩]又右佑诱柚釉幼

o

p   [˨]波菠~萝   [˩]薄~荷   [·˨]卜萝~
p·   [˨]坡   [˧]婆   [˩]破
hv   [˨]婆
m   [˨]摸   [˧]魔磨~刀摩蘑馍模~范摹膜谋   [˨]某亩牡母拇   [˩]磨石~慕墓募幕莫寞
t   [˨]多   [˧]朵躲   [˩]跺舵
t·   [˨]拖   [˧]妥   [·˨]驼骆~
hɻ   [˧]驼砣   [˩]舵
l   [˨]啰   [˧]罗萝锣箩骡螺胭
ts   [˨]左佐   [˩]坐座做
ts· [˨]搓初   [˩]措错
hz   [˩]坐座
s   [˨]蓑唆莎~子草   [˧]所锁
k   [˨]歌哥锅   [˧]果裹馃   [˩]个~体过
k·   [˨]棵   [˧]可   [˩]课
h   [˧]河荷~花何禾~旁程和~尚   [˩]祸
ŋ   [˧]鹅   [˧]我   [˩]饿

安徽芜湖六郎方言

x　[˧]荷薄~河荷~花和~气禾柴~何　[˧]火伙　[˦]货和~面贺

uo

ø　[˨]倭窝蜗莴涡　[˧]蛾鹅禾~桶(脱粒用木桶)　[˦]饿

ɔ

p　[˨]褒包胞　[˧]雹　[˨]保堡宝饱　[˦]报暴~躁豹爆鲍
pʻ　[˨]泡发~抛　[˧]炮泡~在水里
hv　[˨]袍狍~子　[˧]跑　[˨]抱暴~雨菢刨~子曝~晒雹
m　[˨]猫　[˧]毛矛茅　[˨]锚卯　[˦]冒帽貌茂贸
t　[˨]刀叨　[˧]祷岛倒打~，颠~导引~　[˦]到倒~水道知~
tʻ　[˨]滔掏涛　[˧]逃　[˨]讨　[˦]套
hɾ　[˧]桃逃淘陶萄　[˨]道过~稻盗
n　[˧]挠　[˨]脑恼　[˦]闹
l　[˨]捞唠　[˧]劳牢　[˨]老　[˦]涝
ts　[˨]遭糟　[˧]早枣澡　[˨]躁灶皂造　[˩]蚤
tsʻ　[˨]操　[˧]曹　[˨]草　[˦]糙
hz　[˨]槽　[˦]造
s　[˨]骚臊　[˧]扫~地嫂　[˦]扫帚潲~雨□快
tʂ　[˨]朝今~(今天)召号~昭招　[˧]爪找沼诏~书　[˦]罩笊~篱子赵兆召~唤照
tʂʻ　[˨]抄钞超　[˧]巢~湖　[˨]炒吵
hʐ　[˧]朝~代潮
ʂ　[˨]梢捎稍烧　[˧]韶勺　[˨]少多~　[˦]少~年绍邵筲
ʐ　[˧]饶　[˨]扰绕围~　[˦]绕~线
k　[˨]高膏~药篙镐羔糕交茭　[˨]稿搞　[˦]告窖教觉睡~铰~链
kʻ　[˨]敲　[˧]考烤　[˨]靠犒
h　[˦]号一~
ŋ　[˧]熬　[˧]袄咬　[˨]鏖~点油傲懊坳
x　[˨]蒿薅　[˧]豪壕毫　[˨]好~坏郝　[˦]好喜~耗浩号字~

第四章 安徽芜湖六郎方言同音字汇　　31

ø　　[˧]奥

iɔ

p　　[˩]标彪膘　　[˧]表婊
pʻ　　[˩]飘　　[˧]嫖瓢　　[˩]漂~白　　[˧]票漂~亮
hv　　[˧]瓢
m　　[˩]苗描　　[˧]藐渺秒　　[˧]庙妙
t　　[˩]刁貂雕　　[˧]屌　　[˧]钓吊掉调音~,~动
tʻ　　[˩]挑　　[˧]调~和　　[˧]跳
hɾ　　[˧]条
n　　[˩]鸟　　[˧]尿~素
l　　[˧]燎疗聊辽寥　　[˧]了~结蓼　　[˧]瞭料廖
tɕ　　[˩]交郊胶茭教~书焦蕉椒骄娇浇　　[˧]绞狡搅剿缴侥饺铰~刀　　[˧]教~育较叫
tɕʻ　　[˩]敲锹悄　　[˧]樵瞧——乔侨　　[˧]巧　　[˧]俏鞘窍
ɕ　　[˩]消宵霄硝销枵嚣萧箫　　[˧]淆　　[˧]小晓　　[˧]校~对酵孝效笑
h　　[˧]桥荞瞧~病　　[˧]校学~,上~轿孝
ø　　[˩]妖邀腰要~求幺吆　　[˧]肴摇谣窑姚　　[˧]舀杳　　[˧]要想~耀钥

ei

p　　[˩]杯背~心,~走碑卑悲　　[˧]贝辈背后~被~打,~迫备倍焙
pʻ　　[˩]胚　　[˧]培陪赔裴　　[˧]沛配佩辔
hv　　[˧]肥猪~,~西县陪　　[˧]啡　　[˧]背耳~被~子箄痱
m　　[˧]梅枚媒煤眉楣霉没~有　　[˧]每美　　[˧]妹味媚谜猜~于
f　　[˩]非妃飞　　[˧]肥合~　　[˧]翡匪　　[˧]废肺痱费
t　　[˩]堆　　[˧]对队兑
tʻ　　[˩]推梯　　[˧]腿　　[˧]退
n　　[˧]内
l　　[˧]雷　　[˧]儡累~积垒　　[˧]累连~,~人类泪肋勒
ts　　[˩]嘴　　[˧]最罪~该万死醉

tsʻ	[˩]催崔	[˥]脆翠粹
hzˌ	[˩]贼随	[˥]罪死~
s	[˩]虽尿~壶 [˧]随 [˩]髓 [˥]碎岁遂隧崇~得很 穗稻~
tʂ	[˩]遮 [˧]者	
tʂʻ	[˩]车 [˧]扯	
hzˌ	[˩]蛇 [˥]社	
ʂ	[˩]奢赊 [˧]谁 [˩]舍动词 [˥]射舍名词
zˌ	[˧]惹	
k	[˩]给□~个（这个） [˥]□~个（那个）

uei

tʂ	[˩]追锥	[˥]缀赘
tʂʻ	[˩]吹炊	
hzˌ	[˧]茄垂锤槌 [˥]坠下~ 睡~不着
ʂ	[˧]水 [˥]靴税睡~午~
zˌ	[˧]蕊 [˥]芮锐瑞
k	[˩]闺规龟归 [˧]诡轨癸鬼 [˥]鳜桂跪柜贵 [·]嗝打饱~
kʻ	[˩]盔亏 [˧]魁傀奎逵葵 [˩]跪 [˥]刽溃崩~窥愧
h	[˧]回 [˥]会不~，开~绘
x	[˩]诙灰麾挥辉徽飞 [˧]茴 [˧]悔毁 [˥]桧秦~贿晦汇惠慧秽讳
ø	[˩]煨危微威 [˧]桅为作~维惟唯违围 [˧]伪菱委伟苇纬尾 [˥]卫喂为~什么位未味魏畏慰胃谓猬

ər

ø	[˧]儿而 [˩]耳 [˥]二贰

õ

p	[˩]般搬	[˥]半~个绊伴
pʻ	[˩]潘拚 [˧]盘一~菜 [˥]判叛

第四章 安徽芜湖六郎方言同音字汇

hv	[˨]盘一~棋
m	[˨]馒盲~肠　[˧]满倒~　[˥]漫　[˩]盘算~
t	[˨]端　[˧]短　[˥]断决~,~绝锻段
tʻ	[˨]坛菜~
hʐ	[˨]团坛~子　[˥]断不~
n	[˨]男南　[˧]暖
l	[˨]榴　[˧]卵~子　[˥]乱
ts	[˧]钻动词簪　[˥]钻名词
tsʻ	[˧]窜多用
s	[˨]酸　[˧]算蒜
tʂ	[˨]专砖　[˧]转~眼,~送　[˥]转~圆圈传~记
tʂʻ	[˨]川穿　[˨]传~达　[˧]喘　[˥]窜少用串
hʐ	[˨]椽~子船传家~
ʐ	[˧]软
k	[˨]肝干~旱官棺观~音冠鸡~　[˧]管馆饭~　[˥]灌罐观三清~
kʻ	[˨]宽　[˧]款　[˥]看~见
h	[˨]寒伤~　[˥]旱苋拌换~衣服汗~毛
x	[˨]欢　[˧]汗唤
∅	[˨]豌　[˨]完~全,~了　[˧]碗　[˥]腕

an

p	[˨]班斑颁扳帮邦浜　[˧]板版榜绑　[˥]扮瓣办~公半一~谤傍棒蚌
pʻ	[˧]攀兵　[˨]庞~大　[˥]盼胖襻
hv	[˨]烦繁樊旁~下（旁边）　[˨]螃奶房防凡帆　[˥]饭贩小~于办~酒犯
m	[˨]蛮瞒慢忙芒茫氓盲文~　[˧]满小~芥蟒　[˩]慢鳗漫
f	[˧]帆藩翻番方芳　[˨]凡矾肪　[˧]反仿纺访　[˥]泛范犯放
t	[˧]耽担~任丹单当应~　[˧]胆掸鸡毛~子党挡　[˥]担挑~旦元~诞但蛋坏~当~铺荡宕
tʻ	[˧]贪坍滩摊汤　[˨]谭谈痰檀坛讲~堂棠螳　[˧]毯坦倘躺　[˥]探炭叹烫趟
hʐ	[˨]潭谈~心弹~琴堂~前棠螳唐糖塘坛骨灰~　[˧]毯　[˥]淡弹子~蛋鸭~

旦刀马~

n	[˧]南男难~易囊瓤瓜~子	[˥]难患~
l	[˧]蓝篮兰拦栏郎廊狼螂 [˨]览揽榄缆懒朗卵石磙~子 [˥]滥烂浪	
ts	[˧]簪赃脏不干净 [˨]攒 [˥]暂錾赞葬藏西~脏内~	
tsʻ	[˧]参餐仓苍 [˧]蚕惭残藏收~ [˨]惨 [˥]灿	
hz	[˧]蚕	
s	[˧]三桑丧婚~ [˨]散鞋带~了伞磉嗓 [˥]散分~丧~失	
tʂ	[˧]沾粘瞻占~一卦毡张章樟蟑 [˨]斩盏展长生~涨掌 [˥]站蘸占霸~绽栈战帐账胀杖障瘴丈	
tʂʻ	[˧]搀昌菖疮 [˧]馋缠蝉禅尝偿 [˨]铲产厂场考~ [˥]颤畅唱倡	
hz	[˧]长~短肠场稻~常裳尝偿蝉 [˨]丈仗尚上~去，~面疝	
ʂ	[˧]杉衫珊山删膻搧商伤 [˨]陕闪赏响 [˥]扇善膳上疝	
z	[˧]冉然燃瓤软；弱 [˨]染壤 [˥]让	
k	[˧]甘柑尴干~湿；~支肝冈岗刚纲钢缸豇 [˨]感敢橄竿杆秆秸擀赶拣~个好日子讲港 [˥]干~部杠	
kʻ	[˧]堪鹌看~守刊康糠 [˨]扛 [˥]坎砍慷 [˥]勘嵌抗坑	
h	[˧]含涎咸~菜行排~航寒衔闲~得很 [˥]陷苋巷项~箍	
ŋ	[˨]安庵淹 [˧]眼 [˥]揞崖按案雁晏	
x	[˧]憨骿夯 [˧]函寒韩杭 [˨]喊罕 [˥]撼憾汉旱焊翰	
ø	[˨]安鞍肮鹌 [˧]昂 [˥]暗崖	

ian

n	[˨]娘 [˧]仰~个睡 [˥]酿	
l	[˨]良凉量~长短粮梁樑 [˧]两~个两几斤几~ [˥]亮谅辆量数~	
tɕ	[˨]将~来浆疆僵姜江 [˧]蒋奖桨讲 [˥]酱将大~强倔~降下~虹	
tɕʻ	[˨]枪腔 [˧]强 [˨]抢强勉~ [˥]呛	
ɕ	[˨]相互~箱厢湘襄镶香乡 [˧]详祥 [˧]想享响 [˥]相~貌象橡向项	
h	[˨]墙强降投~ [˥]匠像	
ø	[˨]央秧殃 [˧]羊洋烊杨阳扬疡 [˧]仰养痒 [˥]样	

第四章　安徽芜湖六郎方言同音字汇　　35

uan

t　　[˥]缎
l　　[˩]卵鹅~石
tsʻ　[˩]篡
tʂ　　[˩]庄装桩　　[˥]赚撰壮状
tʂʻ　[˩]疮窗　　[˩]闯　　[˥]创
hʐ　　[˩]床　　[˥]撞
ʂ　　[˩]闩栓拴霜孀双—~，~生　[˥]爽
ʐ　　[˩]阮
k　　[˩]冠鸡~关光　　[˩]馆博物~广　　[˥]贯冠~军惯逛
kʻ　　[˩]匡筐眶　　[˩]狂　　[˥]旷况矿
h　　[˩]还~原黄簧皇蝗环　　[˥]换交~掼~稻
x　　[˩]荒慌　　[˩]环　　[˩]缓谎晃~眼　　[˥]幻患宦晃~动
ø　　[˩]弯湾汪　　[˩]完~蛋丸药~子顽玩亡芒王　　[˩]皖晚挽网枉往　　[˥]万忘妄望旺

ən

p　　[˩]奔锛崩绷　　[˩]本　　[˥]笨迸
pʻ　　[˩]喷烹　　[˩]彭膨蓬朋　　[˩]捧　　[˥]喷~香，~嚏
hv　　[˩]盆坟朋棚篷冯缝~衣服　　[˥]凤份缝一条~
m　　[˩]门明~朝（明天）萌盟蒙　　[˩]猛懵蠓　　[˥]闷孟梦
f　　[˩]分芬纷封峰风枫疯丰蜂锋　　[˩]逢焚坟　　[˩]粉讽　　[˥]粪奋愤忿奉俸份缝手指~
t　　[˩]墩蹲登灯冬东　　[˩]等董懂　　[˥]顿饨沌钝炖盾遁土~子（土黄色小蛙）凳镫脚~澄瞪冻栋洞~房
tʻ　　[˩]吞通　　[˩]同童屯豚臀腾誊疼心~　　[˩]桶捅筒　　[˥]痛
hɽ　　[˩]藤疼同铜桐茼筒童瞳　　[˩]统　　[˥]囤稻~动洞水~
n　　[˩]能农脓浓　　[˩]嫩糯~米，~稻弄
l　　[˩]仑伦轮笼聋隆龙　　[˩]冷氋拢垄　　[˥]论愣

ts	[˨]尊遵曾姓增争筝风~睁棕鬃宗综踪 [˨]总 [˥]憎赠粽纵~横，放~	
tsʻ	[˨]村皴撑聪匆葱 [˨]存~经丛丛~容，跟~ [˥]衬寸蹭蹿	
hz	[˧]层存丛~东到西	
s	[˨]森参人~深孙僧生牲笙甥松嵩先祖~ [˨]□精液 [˨]损笋榫省~长，节~怂 [˥]送宋诵颂讼	
tʂ	[˨]针珍臻真征蒸争贞侦正~月征中当~忠终钟锺甄砧 [˨]枕诊疹拯整种~类肿 [˨]镇阵八卦~振震证症郑正~负政中射~众种~树	
tʂʻ	[˨]伸~懒腰囱充冲称~重量 [˨]沉陈尘澄惩橙成城长~盛~饭崇程 [˨]逞 [˥]趁铳秤称相~	
hʐ	[˧]神~仙辰晨臣澄~下子乘承丞程成~语城~墙诚尘掸~宠虫重~复什~么 [˨]阵一~风剩纫重轻~	
ʂ	[˨]身申伸升声 [˨]神绳 [˨]沈审婶 [˥]渗甚肾慎胜~任；~败圣盛兴~	
z̩	[˨]扔 [˨]壬任姓人仁仍茸 [˨]忍 [˥]任责~纴刃认韧	
k	[˨]今~朝，~年跟根更~换庚羹耕公蚣工功攻弓躬宫恭 [˨]粳~米哽埂梗~~子耿汞拱巩 [˥]更~加贡供~给，~养共	
kʻ	[˨]空~虚 [˨]恳啃肯孔恐 [˥]控空~缺	
h	[˧]痕一~道~子衡横~直红蕻雪里~洪 [˥]恨	
ŋ	[˨]恩 [˥]硬	
x	[˨]轰烘 [˧]痕~迹恒宏~大弘洪鸿虹 [˥]很哄~人 [˥]哄起~

in

p	[˨]鞭编边彬宾槟殡鬓冰兵 [˨]贬禀蝙扁匾丙饼 [˥]变辨辩汴便方~遍一~甏麻花~柄并病	
pʻ	[˨]篇偏姘拼乒 [˨]便~宜频平评~书瓶金~梅屏苹萍凭文~ [˥]品[˥]骗遍~地片聘	
m	[˧]绵棉眠民鸣明~年名铭 [˧]闽免勉娩缅悯敏抿 [˥]面命	
t	[˨]掂颠丁钉铁~靪疔 [˨]点典顶 [˥]店殿奠钉~住订锭定电	
tʻ	[˨]添天听~见厅 [˨]廷蜓庭停 [˨]舔腆艇挺 [˥]掭听~牌	
hɾ	[˧]甜田填亭庭停 [˥]簟垫电定~下来	
n	[˨]拈 [˧]黏~得很鲇年宁 [˨]碾撵 [˥]念	

第四章 安徽芜湖六郎方言同音字汇

l　[˨]拎　[˧˥]廉镰帘林淋临连联怜莲邻鳞磷陵菱灵零铃伶　[˨˩]敛脸檩领岭　[˥˩]殓练炼楝吝令另

tɕ　[˨]尖奸兼搛全~当~金禁不住襟艰间空~奸煎肩坚津巾斤筋京荆惊鲸精晶睛经监　[˨˩]减碱检俭锦简柬锏剪笺茧跻尽~管紧仅谨景警井颈　[˥˩]鉴舰渐剑浸禁~止间~断箭溅践犍建键健荐见进尽~量劲茎境敬竞镜竞静净径

tɕ'　[˨]签锹谦侵钦迁千牵铅亲~友轻青蜻倾　[˧˥]潜钳琴禽擒乾秦顷　[˨˩]寝遣请浅　[˥˩]嵌~宝石欠歉亲~家庆

ɕ　[˨]心仙籼掀先~后辛新薪欣兴~旺星腥馨鲜~新　[˧˥]咸~阳衔嫌闲行~为,品~形刑型荥贤弦　[˨˩]险显醒癣　[˥˩]陷馅限线羡宪献现旋~吃~做县信衅兴高~杏幸性姓

h　[˧˥]前勤芹行~不~钱情晴嫌钳琴钢~形刑贤　[˨˩]浅　[˥˩]近件覃现净

ø　[˨]阉腌音阴焉蔫烟因胭姻殷应~当鹰莺鹦樱英婴缨　[˧˥]岩炎盐阎言檐严吟淫颜延研沿银寅蝇迎盈赢萤营钳　[˨˩]掩魇饮~汤（米汤）眼~红演引隐影颖　[˥˩]验厌艳焰盐腌荫雁谚堰砚燕~子咽宴洇印应~对映

uən

tʂ　[˨]准
tʂ'　[˨]椿春春　[˧˥]唇纯醇　[˨˩]蠢　[˥˩]鹑鹌~
hʐ　[˧˥]虫重~孙子穷　[˥˩]重尊~顺闰
ʂ　[˨]兄　[˥˩]顺
ʐ　[˧˥]荣戎绒融蓉镕容永　[˥˩]用佣润闰
k　[˨]滚磙　[˥˩]棍
k'　[˨]昆坤　[˨˩]捆　[˥˩]困
h　[˧˥]魂馄浑横上~头
x　[˨]昏婚荤　[˥˩]混
ø　[˨]温瘟翁　[˧˥]文纹蚊闻　[˨˩]稳吻　[˥˩]问璺

yn

hv　[˧˥]贫坪凭平瓶萍评~理　[˥˩]便方~辫~子病姘

tɕ	[˩]捐均钧菌细~君军 [˧]卷花 [˥]眷卷~子绢俊菌细~郡	
tɕʻ	[˩]圈 [˧]全完泉拳权颧琼 [˧]犬 [˥]劝券	
ɕ	[˩]鲜新宣喧熏勋兄胸凶 [˧]寻旋~转玄悬荀旬循巡熊雄弦 [˧]鲜~少癣选 [˥]眩讯殉训旋~风漩楦	
h	[˧]全~部泉拳权群裙穹 [˦]蟮河~（蚯蚓）	
ø	[˧]冤渊雍庸晕~车 [˧]圆员缘元芫原源袁辕园援匀云永容允泳拥勇涌 [˥]院愿怨熨韵运孕	

ʅʔ

tʂ	[˥]置执汁侄秩质直~接值织职殖植蜇掷只量词指~甲
tʂʻ	[˥]赤斥尺吃
hʐ	[˥]直~的食蚀识~字石十实
ʂ	[˥]湿拾收~实失室十识知~食饰适释蚀
ʐ	[˥]日

iʔ

p	[˥]箅别区~,离~鳖憋笔毕必弼任~时逼碧璧壁瘪
pʻ	[˥]撇僻辟劈
m	[˥]泌灭篾密蜜
t	[˥]帝涕跌迭碟牒蝶谍的目~滴嫡笛敌狄
tʻ	[˥]帖贴铁踢
hɾ	[˥]碟
n	[˥]聂镊蹑孽捏匿逆日色~（时候）
l	[˥]励隶立笠粒列烈裂劣栗律率效~略掠力历猎
tɕ	[˥]接捷睫劫集辑急级及杰揭节疖截结洁疾吉即鲫极积迹脊籍绩击激
tɕʻ	[˥]妾切七漆戚
ɕ	[˥]婿胁协习袭吸泄歇蝎屑楔雪血悉膝息熄媳惜席锡夕蜥
h	[˥]席
ø	[˥]叶页业揖噎乙一益译翼

uʔ

ts [˧] 作工~ 足~不出户
tsʻ [˧] 猝
s [˧] 肃俗
tʂ [˧] 桌卓琢啄捉着镯竹筑逐轴祝粥烛嘱菊
tʂʻ [˧] 出绰戳畜~牲触
hz̦ [˧] 着镯~子学上~肉赎
ʂ [˧] 说小~术述叔熟束属
z̦ [˧] 入若弱
k [˧] 骨郭国谷
kʻ [˧] 窟扩哭酷
x [˧] 获忽或惑核~子
Ø [˧] 物握屋

yʔ

hv [˧] 鼻别~的
l [˧] 虐~待
tɕ [˧] 绝掘橛决诀橘掘倔脚觉菊局
tɕʻ [˧] 缺黢屈鹊确曲蛐
ɕ [˧] 薛雪血穴戌恤削畜~牧蓄
h [˧] 学~堂
Ø [˧] 悦阅月越口粤约药跃岳乐音~育

əʔ

p [˧] 八拔把讲~你听（讲给你听）
pʻ [˧] 帕
hv [˧] 拔
m [˧] 抹末~~了（最后边）

f	[ㄱ]	法乏发罚
t	[ㄱ]	答搭沓达跌
tʻ	[ㄱ]	蜕~皮踏塔榻塌揭獭拓
n	[ㄱ]	纳捺
l	[ㄱ]	腊蜡镴辣瘌~痢头
ts	[ㄱ]	杂扎一~齐（整齐）
tsʻ	[ㄱ]	厕擦
hz	[ㄱ]	杂~得很
s	[ㄱ]	涩撒~手萨靸
tʂ	[ㄱ]	札眨蛰扎一~啤酒，~起来铡哲折曲~浙
tʂʻ	[ㄱ]	插察彻撤
hʐ	[ㄱ]	闸炸油~舌折~本
ʂ	[ㄱ]	摄涉杀设
ʐ	[ㄱ]	热
k	[ㄱ]	戈~壁鸽夹甲指~割葛胳
kʻ	[ㄱ]	咳磕掐渴
h	[ㄱ]	合~伙盒
ŋ	[ㄱ]	鸭压轧
x	[ㄱ]	合盒匣喝瞎鹤还~有

iəʔ

tɕ	[ㄱ]	脚夹甲~鱼胛
tɕʻ	[ㄱ]	雀
ɕ	[ㄱ]	辖
ø	[ㄱ]	押药钥

uəʔ

ʂ	[ㄱ]	刷
k	[ㄱ]	聒刮
kʻ	[ㄱ]	括阔

h [ʔ]活滑猾
∅ [ʔ]挖袜

ɤʔ

p [ʔ]钵拨不勃博薄泊剥驳北百柏伯迫<u>白</u>
pʻ [ʔ]泼泊_{梁山~}朴拍魄扑卜_卦醭仆瀑
hv [ʔ]<u>白服</u>
m [ʔ]末_{期~}沫茉没_{沉~}墨默陌麦脉木目穆牧么_{什~}
f [ʔ]福幅蝠腹覆<u>服</u>伏复佛
t [ʔ]夺_{权~}得德独读督斫沰笃<u>毒</u>
tʻ [ʔ]脱突托特秃庹凸
hɾ [ʔ]<u>毒</u>
n [ʔ]诺
l [ʔ]落骆洛络烙乐_{快~}肋勒鹿录六陆绿
ts [ʔ]卒作<u>凿</u>昨则泽择窄摘责族足_{~够}
tsʻ [ʔ]侧测拆坼_{开~}策册促
hz [ʔ]凿
s [ʔ]虱索绳_~塞_{~进去}色啬吝_~速宿住_~缩俗
k [ʔ]各阁搁角格革隔虼蛤_{蜊可~}去（去不去）个一_~
kʻ [ʔ]撒_{~碎}壳刻_{时~，用刀~}克客
h [ʔ]<u>核</u>_{~桃}昨
ŋ [ʔ]恶额_{~头}
x [ʔ]豁_{~嘴巴}霍藿黑赫吓<u>核</u>_{~桃}
∅ [ʔ]额_{~外}

第五章　安徽芜湖六郎方言分类词汇

说　明

1. 本词汇表收录六郎方言常用词汇 4000 条左右，大致按意义分为 29 类，密切相关的词意义不一定同类，也放在一起。

2. 每条词目先写汉字，后标读音，估计一般读者较难理解的条目，在音标后加以注释。有些词本身有歧义，或者不止一个义项，注释时分别用圆圈码①②③表示。举例时用"~"复指条目。俗语、谚语等前加三角形△。有的词有新、旧两种读音，在音标后加以说明。

3. 同义词或近义词排在一起。第一条顶格排列，其他各条缩一格另行排列。

4. 条目里可有可无的字和音放在圆括弧里。

5. 有些条目本字不详，写的是同音字。同音字在字的右上角加小等号"＝"表示。写不出同音字的用方框"□"代替。

6. 分类词表目录

一　天文	十一　身体	二十一　文体活动
二　地理	十二　疾病　医疗	二十二　动作
三　时令　时间	十三　衣服　穿戴	二十三　位置
四　农业	十四　饮食	二十四　代词等
五　植物	十五　红白大事	二十五　形容词
六　动物	十六　日常生活	二十六　副词　介词
七　房舍	十七　讼事	二十七　量词
八　器具　用品	十八　交际	二十八　附加成分
九　称谓	十九　商业　交通	二十九　数字等
十　亲属	二十　文化教育	

一　天文

日、月、星

太阳 t'ɛˇ ianˊ
太阳场子 t'ɛˇ ianˊ tʂanˇ tsɿ˙
　太阳地儿（太阳照到的地方）
向阳 ɕianˇ ianˊ
背阴 peiˇ in˩
日蚀 zʅʔ˙ ʂʅʔ˙
太阳光 t'ɛˇ ianˊ kuan˩
月亮 yʔ˙ lianˇ
亮斯块 lianˇ sɿ˙ k'uɛˇ 有亮光
　的地方
月蚀 yʔ˙ ʂʅʔ˙
星星 ɕin˩ ɕin˙
北斗星 pɤʔ˙ tɯˇ ɕin˩
启明星 tɕ'iˇ minˊ ɕin˩
银河 inˊ hoˊ
流星 liuˊ ɕin˩
扫把星 sɔˇ paˇ ɕin˩ 彗星

风、云、雷、雨

风 fən˩
大风 hɻaˇ fən˩
狂风 k'uanˊ fən˩
台风 hɻɛˊ fən˩
小风 ɕiɔˇ fən˩
　微风 ueiˊ fən˩
旋风 ɕynˇ fən˩
顶风 tinˇ fən˩
顺风 ʂuənˇ fən˩
起风 tɕ'iˇ fən˩
　刮风 kuəʔ˙ fən˩
风停得个 fən˩ t'inˊ tɤʔ˙ kɤʔ˙
　风停了
云 ynˊ
黑云 xɤʔ˙ ynˊ
霞 ɕiaˊ
早霞 tsɔˇ ɕiaˊ
晚霞 uanˇ ɕiaˊ
雷 leiˊ
打雷 taˇ leiˊ
雷劈个 leiˊ p'iʔ˙ kɤʔ˙ 雷打了
闪电 ʂanˇ hrinˇ
　起闪 tɕ'iˇ ʂanˇ
雨 zʮˇ
落雨 lɤʔ˙ zʮˇ 下雨
　下雨 ɕiaˊ zʮˇ
起雨点子 tɕ'iˇ zʮˇ tinˇ tsɿ˙
　掉点了
小雨 ɕiɔˇ zʮˇ
毛毛雨 mɔˊ mɔˊ zʮˇ
濛淞雨 mənˊ suŋˇ zʮˇ
大雨 hɻaˇ zʮˇ
暴雨 hvɔˇ zʮˇ
连阴雨 linˊ inˊ zʮˇ
雷阵雨 leiˊ tʂənˇ zʮˇ
雨停得个 zʮˇ t'inˊ tɤʔ˙ kɤʔ˙
　雨停了
虹 xənˊ
淋个雨 linˊ kɤʔ˙ zʮˇ 淋雨
　雨沰个 zʮˇ tɤʔ˙ kɤʔ˙

冰、雪、霜、露

冰冻 pin˩ tən˥ 冰

　冰 pin˩

凌珠子 lin˩ tʂu˩ tsʅ·˩ 冰锥

结冰冻 tɕiʔ˩ pin˩ tən˥ 结冰

冰雹 pin˩ hvo˥

雪 ɕiʔ˩

落雪 lxʔ˩ ɕiʔ˩ 下雪

鹅毛雪 ŋo˩ mɔ˩ ɕiʔ˩

雪珠子 ɕiʔ˩ tʂu˩ tsʅ·˩ 米粒状的雪

雨夹雪 ʐu˩ kəʔ˩ ɕiʔ˩

化雪 xua˥ ɕiʔ˩

露 lu˥

下露 hia˥ lu˥

　起露水 tɕ·i˩ lu˥ ʂuei˩

霜 ʂuan˩

下霜 hia˥ ʂuan˩

　起霜 tɕ·i˥ ʂuan˩

雾 u˥

下雾 hia˥ u˥

　起雾 tɕ·i˩ u˥

气候

天气 t·in˩ tɕ·i˥

晴天 hin˩ t·in˩

阴天 in˩ t·in˩

热 ʐəʔ˩

冻 tən˥（天气）冷

　凉 lian˩

伏天 fxʔ˩ t·in˩

入伏 ʐuʔ˩ fxʔ˩

初伏 tsʮ˩ fxʔ˩

出伏 tʂ·uʔ˩ fxʔ˩

三伏天 san˩ fxʔ˩ t·in˩

遭干 tsɔ˩ kõ˩ 天旱

涝 lɔ˥

发水 fəʔ˩ ʂuei˩

二　地理

地

地 hɿ˥

平原 hvyn˩ yn˩

旱地 hõ˥ hɿ˥

水田 ʂuei˩ hɿin˩

菜地 ts·ɿ˥ hɿ˥

荒地 xuan˩ hɿ˥

沙土地 ʂa˩ t·u˩ hɿ˥

滩地 t·an˩ hɿ˥

山地 ʂan˩ hɿ˥ 山上的农业用地

山

山 ʂan˩

山腰 ʂan˩ iɔ˩

山脚 ʂan˩ tɕiəʔ˩

山坳（子）ʂan˩ ɔ˥（tsʅ·˩）①山间的平地 ②山谷

山塘 ʂan˩ hran˩ 山涧

山坡 ʂan˩ p·o˩

山头 ʂan˩ hrɯ˩ 山的顶部

　山顶 ʂan˩ tin˩

山崖 ʂan˩ ia˥

江、河、湖、海、水

河 ho˥
河里 ho˥ li˥
水渠 ʂuei˩˥ tʂ·u˥
小水沟 ɕio˥ ʂuei˩˥ kɯ˩
湖 hu˥
潭 hran˥
水塘 ʂuei˩˥ hran˥
水坑 ʂuei˩˥ k·ən˩
　水洞 ʂuei˩˥ hrən˥
大海 hra˩˥ xɤ˩
河岸 ho˥ an˩
堤 t·i˥
拦坝 lan˥ pa˩ 河中拦水的建筑物
（河）滩（ho˥）t·an˩
水 ʂuei˥
清水 tɕ·in˩ ʂuei˥
浑水 huən˥ ʂuei˥
雨水 zu˩˥ ʂuei˥
洪水 hən˥ ʂuei˥
发大水 fəʔ˥ hra˩˥ ʂuei˥
洪峰 hən˥ fən˩
凉水 lian˥ ʂuei˥
泉水 lıyɯ˥ ʂuei˥
热水 zəʔ˥ ʂuei˥
温水 uən˩ ʂuei˥
开水 k·ɛ˩ ʂuei˥ ①煮沸的水 ②
　已煮过的水

石沙、土块、矿物

石头 hzʅʔ˥ hrɯ·˩
大石头 hra˩˥ hzʅʔ˥ hrɯ·˩
小石头 ɕio˥ hzʅʔ˥ hrɯ·˩
石板 hzʅʔ˥ pan˥
鹅卵石 uo˥ luan˥ hzʅʔ˥
沙子 ʂa˩ tsʅ·˩
沙土 ʂa˩ t·u˥
沙滩 ʂa˩ t·an˩
土坯（子）t·u˩˥ p·i˩（tsʅ·˩）
砖坯 tʂõ˩ p·i˩
砖 tʂõ˩
小半块 ɕio˥ põ˩ k·uɤ˩
大半块 hra˩˥ põ˩ k·uɤ˩
瓦 ua˩
碎瓦 sei˩ ua˩
灰尘 xuei˩ hzən˥
烂泥 lan˩ ni˥
　米＝□ mi˩ ma·˩
土 t·u˩˥ / t·ɯ˩˥ 干的土
　米＝□ mi˩ ma·˩
金（子）tɕin˩（tsʅ·˩）
银子 in˥ tsʅ·˩
铜 hrən˥
铁 tʰiʔ˥
锡 ɕiʔ˥
煤 mei˥
煤油 mei˥ iu˥
汽油 tɕ·i˩ iu˥
石灰 hzʅʔ˥ xuei˩
水泥 ʂuei˩˥ ni˥

磁铁 tsʅ˩ t˙iʔ˥
　吸铁石 çiʔ˥ t˙iʔ˥ hzʅ˩
玉 ʑu˥
木炭 mɤʔ˥ t˙an˥

城乡处所

哪块（的）la˨ k˙uɛ˙˩（tɤʔ˙˩）地方
市里 ʂʅ˥ li˨ 城市（对乡村而言）
城墙 hzən˩ hian˩
壕沟 xɔ˩ kɯ˩
城内 hzən˩˨ nei˨
城外 hzən˩˨ ʑu˨
城门 hzən˩ mən˩
巷子 han˥ tsʅ˙˩ 胡同
乡里 çian˩ li˨ 乡村（对城市而言）
山沟 ʂan˩˨ kɯ˩ 偏僻的山村
老家 lɔ˩˨ ka˩ 家乡
上街 hzan˩˨ kɛ˩ 赶集
街道 kɛ˩ tɔ˥
路 lɯ˥
大路 hɻa˥ lɯ˥
小路 çiɔ˩ lɯ˥

三　时令　时间

季节

季节 tçi˥ tçiʔ˥
春天 tʂ˙uən˩ t˙in˙˩
夏天 çia˥ t˙in˙˩ / hia˥ t˙in˙˩
秋天 tçiu˩ t˙in˙˩
冬天 tən˩ t˙in˙˩
立春 liʔ˥ tʂ˙uən˩
雨水 ʑu˨˩ ʂuei˩
惊蛰 tçin˩ tʂəʔ˥
春分 tʂ˙uən˨˩ fən˩
清明 tç˙in˩ min˙˩
谷雨 kuʔ˥ ʑu˩
立夏 liʔ˥ hia˥
小满 çiɔ˨˩ mõ˥
芒种 man˩ tʂən˥
夏至 hia˥ tʂʅ˥
小暑 çiɔ˨˩ ʂu˥
大暑 hɻa˥ ʂu˥
立秋 liʔ˥ tçiu˩
处暑 tʂ˙u˥ ʂu˥
白露 pɤʔ˥ lu˥
秋分 tçiu˨˩ fən˩
寒露 xan˩ lu˥
霜降 ʂuan˩ tçian˥
立冬 liʔ˥ tən˩
小雪 çiɔ˩ çiʔ˥
大雪 hɻa˥ çiʔ˥
冬至 tən˩ tʂʅ˥
小寒 çiɔ˩ xan˩
大寒 hɻa˥ xan˩
历书 liʔ˥ ʂu˩
农历 nən˩˨ liʔ˥ 阴历
　阴历 in˩ liʔ˥
阳历 ian˩˨ liʔ˥ 公历
　公历 kən˩ liʔ˥

节日

节日 tɕiʔㄧ zʅㄧ
掸尘 tanㄐㄥ hzənㄨ / tanㄐㄥ zənㄨ 过年之前打扫房子，一般是腊月二十三、二十四
三十晚上 sanㄑ hzʅʔㄧ uanㄨ hzanㄐ
除夕 tʂ·uㄨ ɕiʔㄧ
请祖先 tɕ·inㄐㄥ tsuㄑ sənㄑ 大年三十下午举行的仪式
开财门 k·ɛㄑ hzeㄨ mənㄨ 大年三十晚上的仪式，从夜里12点到天亮，家中男性，摆几杯茶、两根蜡烛，对内、外磕头，拜财神，开门放炮等
（大）年初一 (hɻaㄐㄥ) ninㄨ ts·ɯㄑ iʔㄧ
拜年 pɛㄧ ninㄨ
元宵节 ynㄨ ɕioㄑ tɕiʔㄧ 农历正月十五
（过）小年 (koㄧ) ɕioㄐㄥ ninㄨ
端午节 tõㄑ uㄧ tɕiʔㄧ 农历五月初五
中秋节 tʂəuㄑ tɕ·iuㄑ tɕiʔㄧ 农历八月十五
七夕 tɕ·iʔㄧ ɕiʔㄧ 农历七月初七的晚上
鬼节 kueiㄑ tɕiʔㄧ 农历七月十五
重阳（节）hzənㄐㄥ ianㄨ (tɕiʔㄧ)

年

年 ninㄨ
今年 tɕinㄑ ninㄨ / kənㄑ ninㄨ
去年 tʂ·uㄧ ninㄨ
明年 mənㄐㄥ ninㄨ
前年 hinㄐㄥ ninㄨ
大前年 hɻaㄧ hinㄐㄥ ninㄨ
往年 uanㄐㄥ ninㄨ
后年 hɯㄧ ninㄨ
大后年 hɻaㄧ hɯㄧ ninㄨ
每年 meiㄑ ninㄨ
年初 ninㄨ ts·ɯㄑ
年中 ninㄨ tʂəuㄑ
年底 ninㄨ tiㄑ
上半年 hzanㄧ põㄧ ninㄨ
下半年 hiaㄧ põㄧ ninㄨ
整年 tʂeŋㄐㄥ ninㄨ

月

月 yʔㄧ
正月（里）tʂənㄑ yʔㄧ (liㄐㄥ)
腊月 ləʔㄧ yʔㄧ
闰月 hzuənㄧ yʔㄧ / zuənㄧ yʔㄧ
△三年闰两头 sanㄑ ninㄨ hzuənㄧ lianㄐㄥ hɻɯㄨ
月初 yʔㄧ ts·ɯㄑ
月半 yʔㄧ põㄧ
月底 yʔㄧ tiㄑ
一个月 iʔㄧ kɤʔㄧ yʔㄧ
前一个月 hinㄐㄥ iʔㄧ kɤʔㄧ yʔㄧ
上个月 hzanㄧ kɤʔㄧ yʔㄧ

这个月 tʂɤʔ˧ kɤʔ˧ yʔ˧
下个月 hia˥ kɤʔ˧ yʔ˧
每个月 mei˨ kɤʔ˧ yʔ˧ 每月
上旬 ʂan˥ ɕyn˧
中旬 tʂən˧ ɕyn˧
下旬 ɕia˥ ɕyn˧
月大 yʔ˧ hra˨ 农历30天的月份
月小 yʔ˧ ɕiɔ˨ 农历29天的月份

日、时

今朝 kən˨ tʂɔ˧ 今天
昨朝 hɤʔ˧ tʂɔ˧ 昨天
明朝 mən˧ tʂɔ˧ 明天
后朝 huɯ˨ tʂɔ˧ 后天
大后朝 hra˨ huɯ˨ tʂɔ˧ 大后天
外后朝 uɛ˨ huɯ˨ tʂɔ˧ 后天之后的
隔一天 kɤʔ˧ iʔ˧ tˑin˨ 第二天
前朝 hin˧ tʂɔ˧ 前天
大前朝 hra˨ hin˧ tʂɔ˧ 大前天
前几天 hin˧ tɕi˨ tˑin˨
礼拜天 li˨ pɛ˥ tˑin˨
一个礼拜 iʔ˧ kɤʔ˧ li˨ pɛ˥ 一星期
整天 tʂən˧˨ tˑin˨
天天 tˑin˨ tˑin˧ 每天
十几天 ʂʅʔ˧ tɕi˨ tˑin˨ 十多天
上午 hzan˥ u˨
下午 hia˥ u˨
半天 põ˥ tˑin˨
大半天 hra˨ põ˥ tˑin˨
天蒙蒙亮 tˑin˨ mən˧ mən˧

lian˨ 凌晨（天快亮的时候）
早上 tsɔ˨ hzan˧ 清晨
  早晨 tsɔ˨ nɯ˧
快吃中饭的时候 kˑuɛ˥ tʂʅ˧ tʂən˨ hvan˨ tɤʔ˧ ʂʅ˧ huɯ˨ 午前
中午 tʂən˨ u˨
吃中饭后 tʂʅʔ˧ tʂən˨ hvan˨ huɯ˨ 午后
白天 hvɤʔ˧ tˑin˨
夜里 i˥ li˧ 夜晚
半夜（里）põ˥ i˥ (li˧) 半夜
上半夜 hzan˥ põ˥ i˥
下半夜 hia˥˨ põ˥ i˥
整夜 tʂən˨ i˥
天天晚上 tˑin˨ tˑin˧ uan˨ hzan˧
（天）黑 (tˑin˨) xɤʔ˧

其他时间概念

年份 nin˧ fən˨ 指某一年
年头 nin˧ huɯ˨
月份 yʔ˧ fən˨ 指某一月
日子 zʅʔ˧ tsʅ˧ 指日期
什么时候 hzan˨ mɤʔ˧ hzʅ˧ huɯ˧
  哪色日 na˨ sɤʔ˧ niʔ˧
先前 ɕin˨ hin˧
后来 huɯ˨ lɛ˨
现在 ɕin˨ tsɛ˨
  个时候 kɤʔ˧˨ hzʅ˧ huɯ˧
  个色日 kɤʔ˧˨ sɤʔ˧ niʔ˧

个个色日 kɤʔ˧˩ kɤʔ˧˩ sɤʔ˧˩ niʔ˧˩

四 农业

农事

春耕 tʂʻuən˧˩˨ kən˨

夏收 hia˧˩˨ ʂɯ˨

　双晚 ʂuan˨ uan˨

秋收 tɕʻiu˧˩˨ ʂɯ˨

早秋 tsɔ˨ tɕʻiu˨

晚秋 uan˧˩˨ tɕʻiu˨

平地 hvyn˧˩˨ hri˨ 整地

下种子 hia˧˩˨ tʂən˨ tsʅ˙

栽田 tsɛ˨ hrin˨ 插秧

薅田 xɔ˨ hrin˨ 薅草

稻穗 hrɔ˨ sei˥

铡稻子 tʂəʔ˧˩ hrɔ˥ tsʅ˙ 割稻子

铡小麦 tʂəʔ˧˩ ɕiɔ˧˩˨ mɤ˧˩ 割麦

打稻 ta˨ hrɔ˥

掼稻 huan˥ hrɔ˥ 用摔打方式手
　工脱粒

稻场 hrɔ˥˨ hzan˨ 场院

笃地 tɤʔ˧˩ hri˨ 锄地

　笃田 tɤʔ˧˩ hrin˨

松上 sən˨ ɭ˙

撒肥料 sa˨ hvei˨ liɔ˥ 施肥

浇粪 tɕiɔ˨ fən˥

　泼粪 pʻɤʔ˧˩ fən˥

粪窖子 fən˥ kɔ˥ tsʅ˙ 粪坑（积
　肥用）

茅缸 mɔ˨ kan˨ 粪缸，也指茅厕

茅屋 mɔ˧˩˨ uʔ˧˩ 茅厕

积肥 tɕiʔ˧˩ hvei˨

捡粪 tɕin˨ fən˥ 拾粪

　捡屎 tɕin˨ ʂʅ˥

粪 fən˥ 粪肥

化肥 xua˥ hvei˨

浇水 tɕiɔ˨ ʂuei˨

上水 hzan˥ ʂuei˨ 灌水（使水入
　地）

车水 tʂʻei˨ ʂuei˨

放水 fan˥ ʂuei˨ 排水（使水出
　地）

打水 ta˨ ʂuei˨ 从井里或河里取
　水

（水）井（ʂuei˨）tɕin˨

农具

水桶 ʂuei˨ tʻən˨ 汲水木桶

索 sɤʔ˧˩ 井绳

水车 ʂuei˨ tʂʻei˨

板车 pan˨ tʂʻei˨ 大车

牛鼻子 niu˨ hvyʔ˧˩ tsʅ˙ 牛鼻穿

犁 li˨

犁身 li˨ ʂən˨

犁耙 li˨ hva˨ 犁把

犁铧 li˨ xuaʔ˧˩

耙子 hva˨ tsʅ˙

囤条 hrən˥˨ hriɔ˨ 用高粱或芦苇
　的篾片、竹篾等编的粗而长的席
　子，可以围起来囤粮食

囤子 hrən˨ tsʅ˙

风车 fən˧˩˨ tʂʻei˨ 使米粒跟谷壳

分离的农具

石磙卵子 hzʅ˧˥ kuanˊ lanˊ tsʅ˙ 圆柱形，用来轧谷物，平场地

禾桶 uoˇ tˊɛˊ 对稻麦等农作物进行脱粒时用的木桶，正方形，底小口大

稻桶 hɔ˧ tˊəɴˊ

乌臼 uˇ hiuˇ / uˇ iuˇ 石制舂臼

打头 taˊ hɹɯˊ 舂米木杵，带有手柄

夹稻机 kəʔ˥ hɔ˧ tɕiˊ 加工大米的机器

石磨 hzʅ˧˥ moˊ

磨盘 moˇ pˊõˊ

磨把（子）moˇ paˇ (tsʅ˙)

磨心 moˇ ɕinˊ 磨扇中心的轴

筛子 ʂɤˇ tsʅ˙ 筛稻、米用的

稻筛 hɔ˧ ʂɤˊ

细筛子 ɕiˊ ʂɤˊ tsʅ˙ 粉箩

抬筛 hɹɤˊ ʂɤˊ 双人抬起筛东西的大筛子，有两种，一种网眼稀，用来筛稻子；一种网眼密，用来筛油菜籽

团筛 hɹõˊ ʂɤˊ 圆形筛子，有两种，筛芝麻的网眼细一些，筛豆类的网眼粗一些，一般直径40—60公分

连篙 linˊ kɔˊ 连枷

钉耙（子）tinˊ hvaˊ (tsʅ˙) 五根铁齿，翻田松土用铁耙

笃田耙子 tɤʔ˥ hɹinˊ hvaˊ tsʅ˙

田耙 hɹinˊ hvaˊ

草耙（子）tsˊɔˊ hvaˊ (tsʅ˙)

羊角 ianˊ kɤʔ˥ 镐，刨硬地或挖石头等硬物时用

羊镐 ianˊ kɔˊ 劈柴、劈树根用

锄头 hzɯˊ hɹɯˊ

铡刀 tʂəʔ˥ tɔˊ

镰刀 linˊ tɔˊ

砍刀 kˊanˊ tɔˊ

砍斧 kˊanˊ fuˊ

样刨 ianˊ hvɔˊ 木锨

挖锹 uəʔ˥ tɕiɔˊ 铁锨

篾粪箕 miʔ˥ fənˊ tɕi˙ 簸箕，装粮食或垃圾用

铁粪箕 tˊiʔ˥ fənˊ tɕi˙ 装垃圾用

屎元篮子 ʂʅ˙ inˊ lanˊ tsʅ˙ 竹制的有硬提梁的簸箕，专门用来拣猪粪

花篮子 xuaˇ lanˊ tsʅ˙ 平底簸箕形，木边，中间用草绳结网，用以挑柴草、土石等，成对使用

垃圾 lɤʔ˥ sɤʔ˥

筐（子）kˊuanˊ (tsʅ˙)

箩 loˊ

稻箩 hɔ˧ loˊ 比较深的箩

匾 pinˊ 比较浅的箩

窝匾 uoˇ pinˊ 直径一米五左右的匾

划盆 huaˊ hvənˊ 两米长一尺深的椭圆船型木盆，多用以一人乘

坐划水采菱角、抓鱼等
牵污 tɕ·in˧˩ u˧˩ 木制瓢形长铲，用以铲起淤泥
扁担 pin˧˥ tan˧˥
挑担子 t·iɔ˧˩ tan˧˥ tsʅ·
箆扫把 miʔ˧˩ sɔ˧˥ pa˧˩
草扫把 tsʰɔ˧˥ sɔ˧˥ pa˧˩
公食柳扫把 kən˧˩ hzʅʔ· liu˧˩ sɔ˧˥ pa˧˩ 地麦杆做的扫帚
芦七˭子扫把 lɯ˧˥ tɕ·iʔ˧˩ tsʅ· sɔ˧˥ pa˧˩ 高粱穗做的扫帚

五　植物

农作物

庄稼 tʂuan˧˩ tɕia·
粮食 lian˧˩ ʂʅʔ˧˩
五谷 u˧˩ kuʔ˧˩
小麦 ɕiɔ˧˩ mɤʔ˧˩
荞麦 hiɔ˧˩ mɤʔ˧˩
麦桩子 mɤʔ˧˩ tʂuan˧˩ tsʅ· 麦茬儿
小米 ɕiɔ˧˥ mi˧˩
六谷（子） lɤʔ˧˩ kuʔ˧˩（tsʅ·）玉米
高粱 kɔ˧˩ lian·
芦七˭子 lɯ˧˥ tɕ·iʔ˧˩ tsʅ·
稻 hɔ˥
稻子 hɔ˥ tsʅ· 指子实
早稻 tsɔ˧˥ hɔ˥
晚稻 uan˧˩ hɔ˥
稗子 hvɤ˥ tsʅ·
瘪壳子 piʔ˧˩ k·ɤʔ˧˩ tsʅ· 秕子
米 mi˧˩
糯米 nən˧˩ mi˧˩
大米 hɑ˥ mi˧˩ 相对糯米而言
籼米 ɕin˧˩ mi˧˩
早稻米 tsɔ˧˥ hɔ˥ mi˧˩ 早米
晚稻米 uan˧˩ hɔ˥ mi˧˩ 晚米
大稻米 hɑ˥ hɔ˥ mi˧˩ 一季稻米
糙米 tsʰɔ˥ mi˧˩ 舂碾过的米
二交米 ər˥ kɔ˧˩ mi˧˩ 糙米二次加工后的米
舂子米 tʂʰuən˧˩ tsʅ· mi˧˩ 舂出来的米
夹得米 kəʔ˧˩ tɤʔ· mi˧˩ 机器加工出来的米
棉花 min˧˩ xua·
棉花朵子 min˧˩ xua· tɔ˧˥ tsʅ· 棉桃
麻秆 ma˧˩ kɛ·
麻 ma˧˩
脂麻 tsʅ˧˩ ma˧˩ 芝麻
向日葵 ɕian˧˩ zʅʔ˧˩ k·uei˧˩
葵花树 k·uei˧˩ xua· hzʅ˥
葵花子 k·uei˧˩ xua· tsʅ·
山萝卜 san˧˩ lɔ˧˩ po· 白薯
山芋 san˧˩ zu˥
马铃薯 ma˧˩ lin˧˩ zu· 土豆
芋头 zu˥ hrɯ˧˩
山药 san˧˩ iəʔ˧˩
藕 ŋɯ˧˩
莲子 lin˧˩ tsʅ·

豆类、菜蔬

黄豆 huan˨ hɹɯ˥
绿豆 lɤʔ˩ hɹɯ˥
红豆 hən˨ hɹɯ˥
豌豆 õ˧ hɹɯ˥
豇豆 kan˧ hɹɯ˥
扁豆 pin˧ hɹɯ˥
蚕豆 hzan˨ hɹɯ˥
茄子 hzuei˨ tsʅ˧
黄瓜 huan˨ kua˧
菜瓜 tsʰɛ˥ kua˧
丝条 sʅ˧ hɹiɔ˨ 丝瓜
苦瓜 kʰu˧ kua˧
南瓜 nan˨ kua˧ / nən˨ kua˧
冬瓜 tən˧ kua˧
活络 huəʔ˩ lɤʔ˩ 葫芦
瓢子 hu˧ tsʅ˧
葱 tsʰən˧
洋葱 ian˨ tsʰən˧
葱叶（子）tsʰən˧ iʔ˩（tsʅ˧）
葱白 tsʰən˧ hvɤʔ˩
蒜 sõ˥
蒜头 sõ˥ hɹɯ˨
蒜苗 sõ˥ miɔ˨
蒜叶子 sõ˥ iʔ˩ tsʅ˧ 青蒜
蒜泥 sõ˥ ni˨
韭菜 tɕiu˧ tsʰɛ˧
韭菜黄 tɕiu˧ tsʰɛ˧ huan˨ 韭黄
苋菜 hõ˥ tsʰɛ˧
西红柿 ɕi˧ hən˨ hzʅ˥
　洋柿子 ian˨ hzʅ˥ tsʅ˧

（生）姜（sən˧）tɕian˧
菜椒 tsʰɛ˥ tɕiɔ˧ 柿子椒
辣椒 ləʔ˩ tɕiɔ˧
辣椒粉 ləʔ˩ tɕiɔ˧ fən˧ 辣椒面儿
胡椒 xu˨ tɕiɔ˧
菠菜 pu˧ tsʰɛ˥
白菜 hvɤʔ˩ tsʰɛ˥
包菜 pɔ˧ tsʰɛ˥ 洋白菜
小白菜 ɕiɔ˧ hvɤʔ˩ tsʰɛ˥
莴笋 uo˧ sən˧
莴笋叶子 uo˧ sən˧ iʔ˩ tsʅ˧
生菜 sən˧ tsʰɛ˧
芹菜 hin˨ tsʰɛ˧
芫荽菜 yn˨ ɕy˧ tsʰɛ˥ 芫荽
茼蒿 hɹən˨ xɔ˧
（白）萝卜（hvɤʔ˩）lo˨ po˧
空心 kʰən˧ ɕin˧（萝卜）糠了
萝卜缨子 lo˨ po˧ in˧ tsʅ˧
萝卜干 lo˨ po˧ kõ˧
胡萝卜 hu˨ lo˨ po˧
茭白菜 tɕiɔ˧ hvɤʔ˩ tsʰɛ˥ 茭白
　茭瓜（菜）kɔ˧ kua˧（tsʰɛ˥）
油菜 iu˨ tsʰɛ˥
油菜苔 iu˨ tsʰɛ˥ hɹɛ˨
油菜子 iu˨ tsʰɛ˥ tsʅ˧ 榨油用
空心菜 kʰən˧ ɕin˧ tsʰɛ˥
荠菜 tɕi˧ tsʰɛ˥

树木

树 hzu˥
树林 hzu˥ lin˨
小树苗 ɕiɔ˧ hzu˥ miɔ˨

树干 hz̩u˧˩ kan˧˩
树梢 hz̩u˧˩ ʂɔ˧˩
树根 hz̩u˧˩ kən˧˩
树叶子 hz̩u˧˩ iʔ˩ tsɿ·
树枝子 hz̩u˧˩ tʂɿ˧˩ tsɿ·
栽树 tsɛ˧ hz̩u˧˩ 种树
倒树 tɔ˧ hz̩u˧˩ 砍树
松树 sən˧ hz̩u·
松树针 sən˧ hz̩u˧˩ tʂən˧
松球子 sən˧ hiu˧˥ tsɿ· 松球
松香 sən˧˥ ɕian˧
杉树 ʂan˧ hz̩u·
杉树针 ʂan˧ hz̩u· tʂən˧
杉树叶子 ʂan˧ hz̩u· iʔ˩ tsɿ·
杉树干 ʂan˧ hz̩u· kan˧˩
桑树 san˧ hz̩u·
桑树果子 san˧ hz̩u· ko˧ tsɿ· 桑葚儿
桑树叶子 san˧ hz̩u· iʔ˩ tsɿ·
杨树 ian˧˥ hz̩u·
柳树 liu˧ hz̩u·
桐树 hɤn˧˥ hz̩u·
桐树子 hɤn˧˥ hz̩u· tsɿ˧˩
桐油 hɤn˧ iu˧
楝树 lin˧˩ hz̩u·
柿子红树 hz̩ɿ˧˥ tsɿ· ɦən˧ hz̩u˧˩ 柿子树
竹子 tsuʔ˩ tsɿ·
野篙子 i˧˥ kɔ˧ tsɿ· 野生竹子
竹笋 tsuʔ˩ sən˧
冬笋 tən˧ sən˧
春笋 tʂʰuen˧ sən˧

笋衣子 sən˧ i˧ tsɿ· 笋壳
竹竿子 tsuʔ˩ kan˧˩ tsɿ·
竹叶子 tsuʔ˩ iʔ˩ tsɿ·
篾片 miʔ˩ pʰin˧˩ 竹子劈成的薄片
篾黄 miʔ˩ huan˧
篾青 miʔ˩ tɕin˧

瓜果

水果 ʂuei˧˥ ko˧
桃子 hɔ˧ tsɿ·
杏子 ɕin˧˩ tsɿ·
李子 li˧ tsɿ·
苹果 pʰin˧ ko˧
枣子 tsɔ˧ tsɿ·
梨子 li˧˥ tsɿ·
枇杷 pʰi˧ pʰa·
柿子 hz̩ɿ˧˥ tsɿ· / z̩ɿ˧˥ tsɿ·
柿子红 hz̩ɿ˧˥ tsɿ· ɦən˧
柿子饼 hz̩ɿ˧˥ tsɿ· pin˧ 柿饼
石榴 hz̩ʔ˩ liu˧
柚子 iu˧˩ tsɿ·
橘子 tɕyʔ˩ tsɿ·
小橘子 ɕiɔ˧ tɕyʔ˩ tsɿ· 金橘
橙子 tʂʰən˧ tsɿ·
木瓜 mɤʔ˩ kua˧
桂圆 kuei˧˩ yn· 龙眼
桂圆肉 kuei˧˩ yn· z̩u˧
荔枝 li˧˥ tʂɿ˧
芒果 man˧ ko˧
菠萝 po˧ lo˧
橄榄 kan˧˥ lan˧
银杏子 in˧ ɕin˧˩ tsɿ·

板栗子 pan˧ liʔ˥ tsʅ˙
毛栗子 mɔ˧ liʔ˥ tsʅ˙
核桃 hɤʔ˥ hɔ˧
西瓜 ɕi˥˩ kua˩
瓜子 kua˩ tsʅ˩
香瓜 ɕian˥˩ kua˩ 甜瓜
荠子 hi˥˩ tsʅ˙ 荸荠
甘蔗 kõ˩ tʂe˩
花生 xua˥˩ sən˩
花生米 xua˥˩ sən˩ mi˩
花生衣子 xua˥˩ sən˩ i˩ tsʅ˙
　花生皮（花生米外面的红皮）

　　　花草、菌类
栀子花 tsʅ˩ tsʅ˙ xua˩
桂花 kuei˩ xua˩
菊花 tɕyʔ˩ xua˩
梅花 mei˥˩ xua˩
荷花 ho˧ xua˩
荷叶 ho˥˩ iʔ˥
藕莲子 ŋɯ˩ lin˥˩ tsʅ˙ 莲蓬
水仙 ʂuei˩ ɕin˩
茉莉花 mɤʔ˥ li˙ xua˩
喇叭花 la˩ pa˩ xua˩ 牵牛花
万年青 uan˩ nin˧ tɕin˩
仙人掌 ɕin˩ zən˙ tʂan˩
蓼子 liɔ˩ tsʅ˙ 一种野花，六月到
　九月开花
花朵拉子 xua˩ to˩ ləʔ˙ tsʅ˙
　花蕾
花叶子 xua˩ iʔ˥ tsʅ˙ 花瓣
花心 xua˥˩ ɕin˩ 花蕊

芦柴 lɯ˩ hʐɛ˙ 芦苇
香菇 ɕian˥˩ ku˩
蘑菇 mo˧ ku˩
蕈 hin˩ 野生的蘑菇
青苔 tɕin˩ hʐɛ˧
浮萍 hvu˥˩ hvyn˧ / u˥˩ hvyn˧
刺 tsʅ˩ 植物的刺

六　动物

　　　牲畜
牲口 sən˩ kʼɯ˙
公马 kən˩ ma˧
母马 mo˥˩ ma˧
公牛 kən˩ niu˧
犍牛 tɕin˩ niu˧ 阉过的公牛
母牛 mo˥˩ niu˧
黄牛 huan˧ niu˧
水牛 ʂuei˥˩ niu˧
牛犊子 niu˧ tu˩ tsʅ˙
驴 ly˧
公驴 kən˩ ly˧
母驴 mo˥˩ ly˧
骡子 lo˥˩ tsʅ˙
骆驼 lɤʔ˥ tʼo˙
羊 ian˧ 绵羊
山羊 ʂan˩ ian˧
羊膏 ian˧ kɔ˩ 用羊头、猪皮或鱼
　骨头熬汤凝冻而成
狗 kɯ˩
公狗 kən˩ kɯ˩

母狗 mo˧˩ kɯ˧˥
小狗子 ɕio˧˩ kɯ˧ tsʅ·˩ 小狗儿
　（脱奶后的幼犬）
哈吧狗 xa˧ pa·˩ kɯ˧˥
猫 mɔ˧˥
公猫 kən˧˩ mɔ˧˥
母猫 mo˧˩ mɔ˧˥
公猪 kən˧˩ tʂu˧˥
种猪 tʂən˧˩ tʂu˧˥
　老斗猪 lɔ˧ tɯ˧ tʂu˧˥
母猪 mo˧˩ tʂu˧˥
小猪 ɕio˧˩ tʂu˧˥ 猪崽
割卵子 kəʔ˩ lõ˧ tsʅ·˩ 阄猪
　枵 ɕiɔ˧˥
兔子 tʰɯ˧ tsʅ·˩
鸡 tɕi˧˥
公鸡 kən˧˩ tɕi˧˥ ①成年的打鸣的
　公鸡 ②阄过的公鸡
小仔鸡 ɕio˧ tsʅ˧˩ tɕi˧˥ 未成年的
　鸡，不分公母
鐴鸡 ɕin˧ tɕi˧˥ 阄鸡
（老）母鸡（lɔ˧˥）mo˧˩ tɕi˧˥
抱窝鸡 hvɔ˧ uo·˩ tɕi˧˥ 正孵蛋的
　母鸡
小鸡 ɕio˧˩ tɕi˧˥
鸡子 tɕi˧˩ tsʅ˧˥ 鸡蛋
生子 sən˧ tsʅ˧˥ 下蛋
抱 hvɔ˧ 孵（~小鸡儿）
鸡冠 tɕi˧ kõ˧˥
鸡爪子 tɕi˧ tʂua˧ tsʅ·˩
鸭 ŋəʔ˩
公鸭子 kən˧ ŋəʔ˩ tsʅ·˩

母鸭子 mo˧ ŋəʔ˩ tsʅ·˩
小鸭子 ɕio˧˩ ŋəʔ˩ tsʅ·˩
鸭子 ŋəʔ˩ tsʅ·˩ 鸭蛋
　鸭蛋 ŋəʔ˩ hɣan˧˥
鹅 uo˧˥
小鹅 ɕio˧˩ uo˧˥
毒死去 hɣɤ˧ sʅ˧ kɛ·˩ 用毒药毒
　死

鸟、兽

野兽 i˧ hzɯ˧˥
狮子 sʅ˧ tsʅ·˩
老虎 lɔ˧˩ xu˧˥
母老虎 mo˧˩ lɔ˧˩ xu˧˥
猴子 hɯ˧˩ tsʅ·˩
熊 ɕyn˧˥
豹子 hvɔ˧ tsʅ·˩
狐狸 hu˧ li·˩
黄鼠狼子 huan˧˩ ʂu·˩ lan˧ tsʅ·˩
　黄鼠狼
老鼠子 lɔ˧˩ tʂʅ·˩ tsʅ·˩ 老鼠
蛇 hʑei˧˥
水蛇 ʂuei˧ hʑei˧˥
青蛇 tɕʰin·˩ hʑei˧˥
乌龙梢 u˧ lən˧ sɔ˧˥
三角蛇 san˧ kɤʔ˩ hʑei˧˥
七步蛇 tɕʰiʔ˩ pu˧ hʑei˧˥
火炼蛇 xo˧ lin˧ hʑei˧˥
竹叶青 tʂuʔ˩ iʔ˩ tɕʰin˧˥
蟒蛇 man˧˩ hʑei˧˥
家蛇 ka˧ hʑei˧˥
蜥蜴 ɕiʔ˩ i˧˥

鸟 niɔ˩˧

（鸟）雀子（niɔ˩˧）tɕ·iəʔ˥ tsʅ·˩

老哇子 lɔ˨˩ ua˧˥ tsʅ·˩ 乌鸦

喜雀子 ɕi˨˩ tɕ·iə˥ tsʅ·˩ 喜鹊

麻磕子 ma˧˥ k·ə˥ tsʅ·˩ 麻雀

　麻雀子 ma˧˥ tɕ·iə˥ tsʅ·˩

燕子 in˥ tsʅ·˩

（大）雁（hɤ˥）ŋan˧˥

斑鸠 pan˨˩ tɕiu·˩

鸽子 kəʔ˥ tsʅ·˩

鹌鹑 an˨˩ tʂ·uen·˩

咕咕鸟 ku˨˩ ku˨˩ niɔ˧˥ 布谷鸟

啄木鸟 tʂuʔ˥ mɤ˥ niɔ˧˥

猫头鹰 mɔ˨˩ hɤu˧˥ in˨˩

鹦鹉 in˨˩ u·˩

八鸽（子）pəʔ˥ kəʔ˥（tsʅ·˩）八哥

老鹰 lɔ˨˩ in˨˩ ①老鹰 ②鸺鹠

野鸡 i˨˩ tɕi˨˩

野鸭子 i˨˩ ŋaʔ˥ tsʅ·˩ 野鸭

牛鹅 niu˧˥ uo˧˥ 鹭鸶

盐老鼠 in˧˥ lɔ˨˩ tʂ·u˨˩ 蝙蝠

　蝙蝠 pin˨˩ fɤʔ˥

翅膀 tʂʅ˥ pan·˩

嘴 tsei˨˩ 鸟类的嘴

鸟窝 niɔ˨˩ uo˨˩

虫类

桑 san˨˩ 蚕

桑蛹 san˨˩ ʐuən˧˥ 蚕蛹

蟢蛛子 ɕi˨˩ tʂu˨˩ tsʅ·˩ 蜘蛛

蚂蚁子 ma˨˩ i·˩ tsʅ·˩ 蚂蚁

小狗狗子 ɕiɔ˨˩ kɯ˨˩ kɯ˨˩ tsʅ·˩ 蝼蛄

河蟮 ho˧˥ hyn·˩ 蚯蚓

蜗牛 uo˨˩ niu˧˥

独马角 tɤ˥ ma˨˩ kɤʔ˥ 蜣螂

蜈蚣 u˧˥ kən·˩

蝎子 ɕiʔ˥ tsʅ·˩

小壁虎 ɕiɔ˨˩ piʔ˥ xu˧˥

毛毛虫 mɔ˧˥ mɔ·˩ hz̩neʔ˧˥ 毛虫

米虫子 mi˨˩ hz̩ən˧˥ tsʅ·˩ 米虫

蚜虫 ŋa˧˥ hz̩neʔ˧˥

苍蝇子 ts·an˨˩ in˧˥ tsʅ·˩ 苍蝇

蚊子 uən˧˥ tsʅ·˩

虮子 sɤʔ˥ tsʅ·˩

臭虫 tʂ·u˥ hz̩neʔ·˩

虼蚤 kɤʔ˥ tsɔ˧˥ 跳蚤

牛苍蝇子 niu˧˥ ts·an˨˩ in˧˥ tsʅ·˩ 牛虻

蛐蛐 tɕ·yʔ˥ tɕ·y·˩ 蟋蟀

蟑螂 tʂan˨˩ lan˧˥

蝗虫 huan˧˥ hz̩ən˧˥

螳螂 hran˧˥ lan˧˥

精铃子 tɕin˨˩ lin˧˥ tsʅ·˩ 蝉

蝉 hz̩an˧˥

蜜蜂（子）miʔ˥ fən˨˩（tsʅ·˩）

马蜂 ma˨˩ fən˨˩

叮人 tin˨˩ ʐən˧˥（马蜂）蜇人

蜂窝 fən˨˩ uo˨˩

蜂蜜 fən˨˩ miʔ˥

萤火虫 in˧˥ xo˨˩ hz̩neʔ˧˥

放屁虫 fan˥ p·i˥ hz̩neʔ˧˥ 臭大姐

飞蛾 fei˨˩ uo˧˥ 灯蛾

翼铃子 iʔ˧ lin˧˩ tsʅ˙ 蝴蝶
　蝴蝶 hu˧˩ tiʔ˧
洋山伯 ian˧ ʂan˥ pɤʔ˧ 大的蝴
　蝶，谐"梁山伯"
蜻蜓 tɕ˙in˥ t˙in˧
瓢虫 p˙io˧ hzən˧

鱼虾类

鱼 ʐu˧
鲤鱼 li˥ ʐu˧
鲫鱼 tɕiʔ˧ ʐu˧
鳊鱼 pin˥ ʐu˧
草鱼 ts˙o˥ ʐu˧
黄鱼 huan˧ ʐu˧
鳜鱼 kuei˥ ʐu˧
鳗鱼 man˧ ʐu˧
带鱼 tɛ˥ ʐu˧
鲈鱼 lu˧ ʐu˧
边鱼 pin˥ ʐu˧ 平鱼
鲇胡子 nin˧ hu˧˩ tsʅ˙ 鲇鱼
　角胡子鲇 kɤʔ˧ hu˧˩ tsʅ˙ nin˧
苍鱼 ts˙an˥ ʐu˧ 白鲦鱼
黑鱼 xɤʔ˧ ʐu˧
胖头 p˙an˥ hɯ˧ 胖头鱼
金鱼 tɕin˥ ʐu˧
泥鳅 ni˧ tɕ˙iu˙
黄蛇 huan˧˩ hzei˧ 鳝鱼
干鱼 kõ˥ ʐu˧ 晒干的鱼
鱼银子 ʐu˧ in˥ tsʅ˙ 鱼鳞
鱼刺 ʐu˧ tsʅ˥
鱼泡 ʐu˧ p˙o˥ 鱼鳔儿

鱼翅膀 ʐu˧ tʂʅ˥ pan˙ 鳍
鱼腮 ʐu˧ sɜ˥
鱼子 ʐu˧ tsʅ˙ 鱼的卵
鱼苗 ʐu˧ mio˧
钓鱼 tio˥ ʐu˧
钓鱼竿子 tio˥ ʐu˧ kan˥ tsʅ˙
钓鱼钩子 tio˥ ʐu˧ kɯ˥ tsʅ˙
鱼篓子 ʐu˧ lɯ˥ tsʅ˙
鱼网 ʐu˧ uan˥
虾子 çia˥ tsʅ˙ 虾
虾仁 çia˥ zən˧
虾米 çia˥ mi˥
小米虾 çio˥ mi˥ çia˥ 虾子
　（虾的卵，干制后做调味品）
　虾子籽 çia˥ tsʅ˙ tsʅ˥
乌龟 u˥ kuei˥
老鳖 lo˥ piʔ˧
　甲鱼 tɕiəʔ˧ ʐu˧
蟹 xɜ˥ 螃蟹
蟹黄 xɜ˥ huan˧
青蛙 tɕ˙in˥ ua˥
土遁子 t˙u˥ tən˥ tsʅ˙ 土黄色小蛙
小蝌蚪 çio˥ k˙ɤʔ˧ tɯ˥
麻癞癞㾦 ma˧ lɜ˥ lɜ˧ ko˥ 蟾蜍
蚂蝗 ma˧ huan˧ 水蛭
尖得了蛤 tɕin˥ tɤʔ˧ lɤʔ˧ kɤʔ˧
　淡水蛤蜊
螺蛳 lo˧ sʅ˙
蚌 pan˥ 产珍珠的蚌
水菜 ʂuei˥ ts˙ɜ˥ 可食用的蚌

七 房舍

房子

房子 hvan˧˥ tsʅ˙
造 hzɔˋ 盖（房子）
屋 uʔ˥（整座）房子
院子 ynˋ tsʅ˙
院墙 ynˋ hian˧˥
封火墙 fən˩ xoˋ hian˧˥ 防火墙
房间 hvan˧˥ kan˩（单间）屋子
堂前 hran˧˥ hin˧˥ 客厅
上横头 hzanˋ huən˧˥ hrɯ˙ 就放在堂屋里的八仙桌而言，指最重要的人坐的地方
平房 hvyn˧˥ hvan˧˥
楼房 lɯ˧˥ hvan˧˥
小洋房 ɕiɔˋ ian˧˥ hvan˧˥ 旧指新式楼房
楼上 lɯ˧˥ hzanˋ
楼下 lɯ˧˥ haˋ
门楼子 mən˧˥ lɯ˧˥ tsʅ˙
楼梯 lɯ˧˥ t·i˩
梯子 t·ei˩ tsʅ˙ / t·i˩ tsʅ˙
叠步子 tiʔ˥ puˋ tsʅ˙
阳台 ian˧˥ hrɛ˧˥
茅草屋 mɔˋ ts·ɔ˙ uʔ˥ 草房（用茅草搭起的房子）
篷子 hvnev˧˥ tsʅ˙

房屋结构

屋脊 uʔ˥ tɕiʔ˥ 房脊
屋顶 uʔ˥ tin˩ 房顶
屋檐 uʔ˥ in˧˥ 房檐儿
梁 lian˧˥
椽子 hzõ˧˥ tsʅ˙
柱子 hzuˋ tsʅ˙
柱子石头 hzuˋ tsʅ˙ hzʅˋ hrɯ˙ 柱下石
踏步子 t·əʔ˥ puˋ tsʅ˙ 台阶儿
天花板 tin˩ xua˙ pan˧˥
正门 tʂən˥ mən˧˥
大门 hraˋ mən˧˥
后门 hɯˋ mən˧˥
边门 pin˩ mən˧˥
门坎 mən˧˥ k·an˧˥
门后里 mən˧˥ hɯˋ li˙ 门后（门扇后面）
门栓 mən˧˥ ʂuan˩
锁 so˧˥
钥匙 iəʔ˥ hzʅ˙
窗子 tʂ·uan˩ tsʅ˙
牛眼睛窗子 niu˧˥ ŋan˧˥ tɕin˩ tʂuan˩ tsʅ˙ 老房子大门两边的小窗，方形一尺左右，有窗格
窗台 tʂ·uan˩ hrɛ˧˥
走廊 tsɯˋ lan˧˥
过道 koˋ hrɔˋ
楼道 lɯ˧˥ hrɔˋ
楼板 lɯ˧˥ pan˧˥

其他设施

厨房 tʂʰuɿ hvan˧
　灶煤里 tsɔɿ meiʯ li˩
灶 tsɔɿ
茅厕 mɔɿ ʂʅ˩ 厕所
马笼 ma˧ lən˧ 马棚
牛笼 niu˧ lən˧ 牛圈
猪笼 tʂuɿ lən˧ 猪圈
猪食钵子 tʂuɿ ʂʅʔɿ pɤʔɿ tsʅ˩
羊笼 ian˧ lən˧ 羊圈
狗窝 kɯʯ uo˧
鸡窝 tɕiɿ uo˧
鸡笼 tɕiɿ lən˧
鸡罩子 tɕiɿ tʂɔɿ tsʅ˩ 竹子编的
草堆 tsʰɔʯ tei˧
柴堆 hʐɛ˧ tei˧
茅柴堆 mɔ˧ hʐɛ˧ tei˧
开墾 kʰɛ˧ uən˧ 裂，开裂
　开坼 kʰɛ˧ tsʰɤɿ
缝 fən˧ 裂缝儿
太平钩 tʰɛ˧ hvyn˧ kɯɿ 失火时用以拉倒房屋，阻断火势蔓延到别家的长把铁钩
土基 tʰɯʯ tɕi˩ 土坯

八 器具 用品

一般家具

家具 tɕiaɿ tɕy˧
柜子 kueiˇ tsʅ˩

书柜 ʂuɿ kueiˇ
大衣柜 hʐaɿ iɿ kueiˇ
粮仓 lian˧ tsʰan˧ 储存粮食用的大柜，方形或圆形，跟床大小差不多
帐橱 tʂanˇ hʐuɿ 用来挂衣服的比较高的柜子
衣橱 iɿ hʐuɿ
碗橱 õʯ hʐuɿ
矮橱子 ŋɛʯ hʐuʯ tsʅ˩
台子 hʐɛʯ tsʅ˩ 桌子
圆台子 yn˧ hʐɛʯ tsʅ˩ 圆桌
方台子 fanɿ hʐɛʯ tsʅ˩ 方桌
房台子 hvan˧ hʐɛʯ tsʅ˩ 室内木制写字桌，带抽屉暗箱
一板站台子 iʔɿ panɿ tʂanˇ hʐɛʯ tsʅ˩ 八仙桌
孝台 hiɔˇ hʐɛ˧ 条案
办公桌 panˇ kənɿ tʂuʔɿ
饭桌 hvanˇ tʂuʔɿ
台布 hʐɛ˧ puˇ 铺在桌面上的布
抽屉 tʂʰɯɿ tʰi˩
椅子 iɿ tsʅ˩
躺椅 tʰanʯ iɿ
椅了背 iɿ tsʅ˩ peiˇ
椅了贯 iɿ tsʅ˩ kuanˇ 椅了掌
长板凳 hʐan˧ panɿ tənˇ
方凳子 fanɿ tənˇ tsʅ˩
小板凳 ɕiɔʯ panɿ tənˇ
圆凳 yn˧ tənˇ
高凳子 kɔɿ tənˇ tsʅ˩
钓鱼凳子 tiɔˇ ʐuɿ tənˇ tsʅ˩

马扎

草垫子 tsʻɔ˩ˊ hrin˥ tsʅ˨˩ 蒲团

卧室用具

床 hẓuan˥

床板 hẓuan˥ pan˩ˊ

枱板 hrɛ˥ pan˩ˊ 放在床前的长条形矮凳，帮助上下床等用

绷子 pən˩ˊ tsʅ˨˩ 棕绷

篾床 miʔ˧ hẓuan˥ 竹床

帐子 tʂan˩ˊ tsʅ˨˩

帐钩子 tʂan˩ˊ kɯ˩ˊ tsʅ˨˩

帐檐子 tʂan˩ˊ in˧˥ tsʅ˨˩

毯子 hran˩ˊ tsʅ˨˩

被子 hvei˩˥ tsʅ˨˩

被窝 hvei˩˥ uo˨˩ 为睡觉叠成的长筒形的被子

纫被窝 hẓən˥ hvei˩ˊ uo˨˩

被里子 hvei˩˥ li˩ˊ tsʅ˨˩

被面子 hvei˩˥ min˩ˊ tsʅ˨˩

床单 hẓuan˥ tan˩

垫被 hrin˩˥ hvei˨˩ 褥子

盖被 kɜ˩˥ hvei˨˩

草席子 tsʻɔ˩ˊ ɕiʔ˥ tsʅ˨˩

竹席子 tʂuʔ˥ ɕiʔ˥ tsʅ˨˩

枕头 tʂən˩ˊ hrɯ˥

枕套 tʂən˩ˊ tʻɯ˥

枕头心 tʂən˩ˊ hrɯ˥ ɕin˩

梳妆台 su˩ tʂuaŋ˩ hrɛ˥

镜子 tɕin˩˥ tsʅ˨˩

手提箱 su˩ˊ hri˥ ɕian˩

衣架子 i˩ ka˩ˊ tsʅ˨˩ 立在地上的挂衣服的架子

晾衣架 lan˩˥ i˩ ka˩ˊ

晒衣篙子 ʂɛ˩ˊ i˩ kɔ˩ tsʅ˨˩

马桶子 ma˩˥ tʻɯ˩ˊ tsʅ˨˩ 嫁妆之一，有盖，上有漆花

子孙桶 tsʅ˩ˊ sən˩ˊ tʻɯ˩ˊ 陪嫁马桶

粪桶 fən˩˥ tʻɯ˩ˊ

尿桶 sei˩˥ tʻɯ˩ˊ 无盖，也是一种农具

尿壶 sei˩˥ hu˥ 夜壶

尿池子 sei˩˥ hẓʅ˥˧ tsʅ˨˩ 痰盂，陪嫁用的

火盆（子）xo˩ˊ hvən˥（tsʅ˨˩）

火罐 xo˩ˊ kõ˩ˊ 老人手持的烘篮

烘篮罩 xən˩ lan˥ tʂɔ˩ˊ 竹制罩子，放在烘篮上，用来烘尿布

热水壶 ẓəʔ˥ ʂuei˩˥ hu˥ 汤壶

水瓶 ʂuei˩˥ hvyn˥ 暖水瓶

箩 lo˥ 摇篮

箩窝子 lo˥ uo˩ˊ tsʅ˨˩ 摇篮中婴儿躺的部分

草窝子 tsʻɔ˩ˊ uo˩ˊ tsʅ˨˩ 草编，圆桶形，中间放火盆（火钵子），可以三四个人围坐在周围，放脚烤火取暖的用具

火钵子 xo˩ˊ pɤʔ˥ tsʅ˨˩ 直径一尺左右，圆形，烧稻壳，取暖用的暗火火盆

火桶 xo˩˥ tʻɯ˩ˊ 木制取暖用大桶，可以坐两人，中间放入火钵子

炊事用具

风箱 fən˨ ɕian˥˩
拉钩 la˧˩ kɯ˨ 通条（通炉子的）
火钳 xo˧˩ hin˨
火剪子 xo˧˩ tɕin˨ tsʅ˥˩
火铲 xo˧˩ tʂʻan˨ 铲炉灰用的
柴火 hzɛ˧˥ xo˥˩ 能烧的柴草
稻秸（子） hɤɯ˧˩ kɛ˨（tsʅ˥˩）
麦秸（子） mɤʔ˥ kɛ˨（tsʅ˥˩）
芦七″子秸 lu˧˥ tɕʻi˥ tsʅ˥˩ kɛ˨ 高粱秆儿
豆子秸 hɤɯ˥ tsʅ˥˩ kɛ˨
锯末子 tʂu˥ mɤʔ˥ tsʅ˥˩
风车尾子 fən˨ tʂʻei˨ uei˥˩ tsʅ˥˩ 风车尾巴上出来的瘪壳子等杂物，也比喻人调皮捣蛋
木屑子 mɤʔ˥ ɕiʔ˥ tsʅ˥˩ 刨花
　花花子 xua˧˩ xua˨ tsʅ˥˩
火柴 xo˧˩ hzɛ˨
　洋火 ian˨ xo˥˩
锅末灰 ko˨ mɤʔ˥ xuei˨ 锅烟子
烟囱 in˨ tʂʻən˥˩
锅 ko˨
铝锅 ly˧˩ ko˨
砂锅 ʂa˨ ko˨
大锅 hɤa˨ ko˨
小锅 ɕio˧˩ ko˨
锅盖 ko˨ kɛ˥
锅铲子 ko˨ tʂʻan˨ tsʅ˥˩
水壶 ʂuei˧˩ hu˨ 烧开水用的
　催子 tsʻei˨ tsʅ˥˩

碗 õ˥˩
海碗 xɛ˧˩ õ˥˩
茶杯 hza˨ pei˨
饭调子 hvan˥ tʻɕi˥ tsʅ˥˩ 饭勺
小调子 ɕio˧˩ tʻɕi˥ tsʅ˥˩ 羹匙
筷子 kʻuɜ˥ tsʅ˥˩
筷子笼 kʻuɜ˥ tsʅ˥˩ lən˨ 筷笼
茶碟子 hza˨ hɻiʔ˥ tsʅ˥˩ 茶托
酒杯 tɕiu˧˩ pei˨
牛眼睛杯 niu˧˥ ŋan˨ tɕin˨ pei˨
碟子 hɻiʔ˥ tsʅ˥˩ ①盘子 ②碟子
酒壶 tɕiu˧˩ hu˨
酒缸 tɕiu˧˩ kan˨ 酒坛子
坛 hɻõ˨ 坛子
罐子 kõ˥ tsʅ˥˩
瓢 hvio˨
臼子 iɕi˥ tsʅ˥˩
活络瓢 huəʔ˥ lɤʔ˥ hvio˨ 葫芦做的瓢
水瓢 ʂuei˧˩ hvio˨
粪瓢 fən˥ hvio˨
笊淋 tʂɔ˥ lin˨ 笊篱
筲箕 ʂɔ˥ tɕi˥˩ 淘米用的篾篮
青筐篮子 tɕin˨ kʻuan˨ lan˧˥ tsʅ˥˩ 买菜用的竹篮
团篮子 hɻõ˨ lan˧˥ tsʅ˥˩ 洗菜用的圆形篾篮
瓶子 hvyn˧˥ tsʅ˥˩
瓶盖 hvyn˧˥ kɛ˥
刨子 hvɔ˥ tsʅ˥˩ 礤床
菜刀 tsʻɛ˥ to˨

砧板 tʂənɈ panˑ˩
水桶 ʂueiɅ˥ tˈəʻɅ˥
　亮子 lianɈ˥ tsʅˑ˩
饭桶 hvanɈ˥ tˈəʻɅ˥
蒸笼 tʂəʔ˩ ləŋɈ
甑子 tʂənɈ tsʅˑ˩ 蒸饭用的一米高的木制圆桶
格色子 kɤʔ˩ sɤʔ˩ tsʅˑ˩ 箅子
水缸 ʂueiɅ˥ kanɈ
猪水缸 tʂuɈ ʂueiɅ˥ kanɈ
猪水 tʂuɈ ʂueiɅ 泔水
抹布 məʔ˩ puɅ
拖把 tˈoɈ paɅ

工匠用具

刨子 hvɔɈ˥ tsʅˑ˩
斧子 fuɈ tsʅˑ˩
锛子 pənɈ tsʅˑ˩
锯子 tʂuɈ˥ tsʅˑ˩
凿子 tsɤʔ˩ tsʅˑ˩
尺 tʂʅʔ˩ 尺子
角尺 kɤʔ˩ tʂʅʔ˩ 曲尺
折尺 tʂəʔ˩ tʂʅʔ˩
卷尺 tɕynɈ tʂʅʔ˩
墨斗 mɤʔ˩ tɯɈ
墨斗线 mɤʔ˩ tɯɈ ɕinɅ
钉子 tinɈ tsʅˑ˩
钳子 hinɅ˧ tsʅˑ˩
老虎钳子 lɔɅ˥ xuɅ hinɅ˧ tsʅˑ˩
钉锤 tinɈ˥ hzueiˑ˩
镊子 niʔ˩ tsʅˑ˩
索 sɤʔ˩ 绳子

靠链 kˈɔɈ˥ linɈ 合叶
　铰链 kɔɈ˥ linɈ
　合叶 xəʔ˩ iʔ˩
瓦刀 uaɅ˥ tɔɈ
拓子 tˈəʔ˩ tsʅˑ˩ 抹子，比较小
粉刀 fənɅ˥ tɔɈ 比拓子大
抄板 tʂˈɔɈ˥ panɈ 泥板
灰兜子 xueiɅ˥ tɯɈ tsʅˑ˩
　灰亮子 xueiɈ lianɈ˥ tsʅˑ˩
錾子 tsanɈ˥ tsʅˑ˩
铁砧子 tˈiʔ˩ tʂənɈ tsʅˑ˩
剃（头）刀 tˈiɈ˥ (hɻɯɈ) tɔɈ
手推剪 ʂɯɅ˥ tˈeiɈ tɕinɈ 推子
剃头剪子 tˈiɈ˥ hɻɯɈ tɕinɈ tsʅˑ˩ 理发剪
梳子 sɯɈ tsʅˑ˩
鐾刀布 piɈ˥ tɔɈ puɅ
　荡刀布 tanɈ tɔɈ puɅ
剃头椅 tˈiɈ˥ hɻɯɈ iɅ 理发椅
缝纫机 hvənɅ˧ hzənɈ˥ tɕiɈ
剪子 tɕinɈ tsʅˑ˩
熨斗 ynɈ˥ tɯɈ
烙铁 lɤʔ˩ tˈiʔ˩
弓子 kənɈ tsʅˑ˩
纺车 fanɅ˥ tʂˈeiɈ
织布机 tʂʅʔ˩ puɅ tɕiɈ 旧式的
梭子 sɯɈ tsʅˑ˩

其他生活用品

东西 tənɈ ɕiˑ˩
洗脸水 ɕiɈ˥ linɅ˧ ʂueiɅ
脸盆 linɅ˧ hvənɈ

木头盆子 mɤʔ˩ tʂɯ˩˦ hɯɐn˩˦ hvən˩˦ tsɿ˩˨ / mɤʔ˩ hɯ˩ hɯɐn˩˦ hvən˩˦ tsɿ˩˨ / mɤʔ˩ ɯ˩ tʂɯ˩˦ hɯɐn˩˦ tsɿ˩˨
脸盆架子 lin˩˨ hɯɐn˦ kaꜛ tsɿ˩˨
澡盆 tsɔ˩˨ hɯɐn˦
香肥皂 ɕian˩ hvei˩˦ tsɔ˩˨ 香皂
臭肥皂 tʂʰɯ˨ hvei˩˦ tsɔ˩˨ 肥皂
洗衣粉 ɕi˩ i˩ fən˨
毛巾 mɔ˦ tɕin˩˨
脚盆 tɕiəʔ˩ hvən˦
擦脚布 tsʰəʔ˩ tɕiəʔ˩ pu˨
揩屁股布 kʰɛ˩ pʰi˨ ku˩˨ pu˨
气油灯 tɕʰi˨ iu˦ tən˨
蜡烛 ləʔ˩ tʂuʔ˩
煤油灯 mei˦ iu˦ tən˨
马灯 ma˩˨ tən˨
灯心 tən˨ ɕin˩
灯罩子 tən˨ tʂɔꜛ tsɿ˩˨
香油灯 ɕian˩ iu˦ tən˨ 灯盏
灯油 tən˨ iu˦
灯笼 tən˨ lən˦
手提包 ʂɯ˩ hɹi˦ pɔ˨ 皮包 hvɤ˦ pɔ˨
钱包 liiii˦ pɔ˨
私章 sɿ˩ tʂaŋ˨ 私人用的图章
望远镜 uaŋ˨ yn˩˨ tɕin˨
糊 hu˦ / u˦ 浆糊
破布篮子 pʰo˨ pu˦ lan˩˦ tsɿ˩˨ 针线笸箩，一种有梁、稀网眼的篾编篮子
顶针 tin˩˨ tʂən˩˨

针鼻子 tʂən˨ hvyʔ˩ tsɿ˩˨
针眼 tʂən˨ ŋan˩˨
针尖 tʂən˨ tɕin˨
针路 tʂən˨ lɯ˦ 针脚
穿针 tʂʰõ˩˦ tʂən˨
锥子 tʂuei˨ tsɿ˩˨
挖耳子 uəʔ˩ ɚ˩ tsɿ˩˨ 耳挖子
搓衣板 tsʰo˩ i˩ pan˨ 洗衣板
椰头 lan˩˦ hɯ˦ 洗衣服用的棒槌
鸡毛掸子 tɕi˨ mɔ˦ tan˩ tsɿ˩˨
扇子 ʂan˨ tsɿ˩˨
蒲扇 pʰu˦ ʂan˨
拐杖 kuɛ˩ tʂaŋ˦
拐棍 kuɛ˩ kuən˦
揩屁股纸 kʰɛ˩ pʰi˨ ku˩˨ tʂɿ˩˨ 手纸

九 称谓

一般称谓

男的 nõ˦ tɤʔ˩ 男人
男斯家 nõ˦ sɿ˩˨ ka˩˨
男人 nõ˦ ʐən˦
女的 ny˩ tɤʔ˩ 女人
内眷 nei˨ tɕyn˩˨
女斯家 ny˩ sɿ˩˨ ka˩˨
妇女家 fu˨ ny˩ ka˩˨
小家伙 ɕiɔ˩ tɕia˩ xo˩˨ 男孩儿
小伢妮 ɕiɔ˩ ŋa˦ ni˩˨
相妮家 ɕian˨ ni˩˨ ka˩˨

小丫头 çioɹ ˩ŋaɹ hɿɯ·˩ 女孩儿
　丫头家 ŋaɹ hɿɯ·˩ ka·˩
老头子（家）lɔɹ hɿɯ˩˥ tsɿ·˩
　（ka·˩）老头儿
老奶家 lɔɹ neɹ ka·˩ 老太婆
小青年 çioɹ tçinɹ ninɹ 小伙子
街上人 kɛɹ hzan·˩ neɹ 城里人
乡里人 çianɹ li·˩ zənɹ 乡下人
一家子 iʔɹ kaɹ tsɿ·˩ 同宗同姓的
外头人 uɛɹ hɿɯ·˩ zənɹ 外地人
本地方人 pənɹ hɿi˩ fan·˩ zənɹ
　本地人
　个地方人　kɤʔ˩˥　hɿi˩　fan·˩
　zənɹ
外国人 uɛɹ kuʔ·˩ zənɹ
自家人 hzɿɹ ka·˩ zənɹ 自己人
外人 uɛɹ zənɹ
客人 k'ɤʔ˩ zənɹ
同年哥 t'ənɹ ninɹ koɹ 同庚
内行 neiɹ hanɹ
外行 uɛɹ hanɹ
半瓶醋 põɹ hvynɹ ts'ɯ·˩ 比喻性
　说法
光棍 kuanɹ kuənɹ 单身汉
老姑娘 lɔɹ kuɹ nianɹ
童养媳 t'nɹ ianɹ çiʔɹ
二婚头 ərɹ xeuxɹ hɿɯɹ
寡妇 kuaɹ u·˩
婊子 pioɹ tsɿ·˩
姘头 hvynɹ hɿɯɹ
私生子 sɿɹ sənɹ tsɿɹ
罪犯 hzeiɹ fanɹ 囚犯

暴发户 pɔɹ faʔɹ xuɹ
吝啬鬼 linɹ sɤɹ kueiɹ
败家子 hvɛɹ kaɹ tsɿɹ
讨饭的 t'ɔɹ hvanɹ tɤʔ·˩ 乞丐
送春的 sənɹ tʂ'uenɹ tɤʔ·˩ 春节
　期间手持铜锣挨家挨户唱一些吉
　利话的人，可以讨点米、年糕、
　钱等
跑码头的 hvɔ˩˥ maɹ hɿɯɹ
　tɤʔ·˩ 走江湖的
骗子 p'inɹ tsɿ·˩
流氓 liuɹ manɹ
二流子 ərɹ reɹ liuɹ tsɿ·˩
老拐子 lɔ˩˥ kuɛɹ tsɿ·˩ 专门拐带
　小孩的人
土匪 t'u˩˥ feiɹ
强盗 hian˩˥ hɔɹ
贼 hzeiɹ
扒手 hvaɹ˩˥ ʂɯɹ

职业称谓

工作 kənɹ tsuʔɹ
工人 kənɹ zən·˩
雇工 kuɹ kənɹ
长工 hzanɹ kənɹ
短工 tõ˩˥ kənɹ
零工 linɹ kənɹ
做田的 tsoɹ hrinɹ tɤʔ·˩ 农民
做生意的 tsoɹ sənɹ i·˩ tɤʔ·˩
老板 lɔɹ panɹ
东家 tənɹ ka·˩
老板娘 lɔɹ pan˩˥ nianɹ

伙计 xo˩ tɕi·˩
学徒 hyʔ˥ hɻu˩
买东西的 mɛ˩ tən˩ ɕi·˩ tɤʔ·˩ 顾客
小贩子 ɕio˩ hvan˥ tsʅ·˩
小摊贩 ɕio˩ t·an˩ hvan˩
教书先生 tɕio˩ ʂu˩ ɕin˩ sən·˩
老师 lɔ˩ sʅ˩
学生 hyʔ˥ sən˩
同学 t·ən˩ hyʔ˥
朋友 hvən˩ iu·˩
　朋友伙子 hvən˩ iu·˩ xo˩ tsʅ·˩
当兵的 tan˩ pin˩ tɤʔ·˩
警察 tɕin˩ tʂ·əʔ·˩
医生 i˩ sən·˩
开车子的 k·ɛ˩ tʂ·ei˩ tsʅ˩ tɤʔ·˩
　司机 sʅ˩ tɕi˩
做手艺的 tso˩ ʂɯ˩ i·˩ tɤʔ·˩ 手艺人
木匠 mɤʔ˥ hian˩
瓦匠 ua˩ hian˩
泥匠 ni˩ hian˩
锡匠 ɕiʔ˥ hian˩
铜匠 hʊən˩ hian˩
铁匠 t·iʔ˥ hian˩
补锅的 pu˩ ko˩ tɤʔ·˩
做衣服的 tso˩ i˩ fɤʔ˥ tɤʔ·˩ 裁缝
　裁缝 hzɛ˩ hvən˩
剃头的 t·i˩ hɯɯ˩ tɤʔ·˩ 理发员
杀猪的 ʂəʔ˥ tʂu˩ tɤʔ·˩ 屠户
搬东西的 pan˩ tən˩ ɕi·˩ tɤʔ·˩ 脚夫

挑东西的 t·io˩ tən˩ ɕi·˩ tɤʔ·˩ 挑夫
抬轿子的 hɻɛ˩ hio˩ tsʅ·˩ tɤʔ·˩
摆渡的 pɛ˩ hɯɯ˩ tɤʔ·˩ 艄工
管家 kõ˩ ka·˩
合伙的 həʔ˥ xo˩ tɤʔ·˩ 伙计
厨师 tʂ·u˩ sʅ˩
奶妈 nɛ˩ ma˩
佣人 zuən˩ nəʐ·˩ 仆人
女佣人 ny˩ zuən˩ nəʐ·˩
丫环 ia˩ huan·˩
接生婆 tɕiʔ˥ sən˩ hvo˩ / tɕiʔ˥ sən˩ p·u˩
和尚 ho˩ hzan·˩
尼姑 ni˩ ku˩
道士 hɔ˥ hzʅ·˩

十 亲属

长辈

长辈 tʂan˩ pei˩
上人 hzan˩ nəʐ·˩ 指父母
老太公 lɔ˩ t·ɤ˩ kən˩ 曾祖父
老太太 lɔ˩ ·t·ɤ˩ t·ɤ·˩ 曾祖母
爹爹 ti˩ ti·˩ 祖父
奶奶 nɛ˩ nɛ·˩ 祖母
家爹爹 ka˩ ti˩ ti·˩ 外祖父
家奶奶 ka˩ nɛ˩ nɛ·˩ 外祖母
爹爹 tia˩ tia·˩ 父亲
妈 ma˩ 母亲

（姆）妈 m̩˨˩˦ ma˨˩　　　　　　妻

娘老子 nian˨˩ lɔ˨˩ tsɿ˨˩ 父母　丈夫 tṣan˨˩ fu˨˩ 夫

（老）丈人（lɔ˨˩）hzan˨˩˧ zən˨˩　男的 nõ˨˩ tɤʔ˨˩

丈母（娘）hzan˨˩˧ mo˨˩　老婆 lɔ˨˩ hvo˨˩ 妻

（nian˨˩）　　　　　　　内眷 nei˨˩˧ tɕyn˨˩

公公 kən˨˩ kən˨˩ 夫之父　小老婆 ɕiɔ˨˩˦ lɔ˨˩ hvo˨˩

婆婆 hvo˨˩˧ hvo˨˩ 夫之母　小叔子 ɕiɔ˨˩˦ ṣuʔ˨˩ tsɿ˨˩ 夫之弟

继父老子 tɕi˨˩ fu˨˩ lɔ˨˩ tsɿ˨˩ 继　大姑子 hra˨˩˦ ku˨˩ tsɿ˨˩ 夫之姐

　父　　　　　　　　　小姑子 ɕiɔ˨˩˦ ku˨˩ tsɿ˨˩ 夫之妹

后妈 hu˨˩˧ ma˨˩ 继母　　　舅老爷 hiu˨˩˧ lɔ˨˩ i˨˩ 内兄弟

大爹爹 hra˨˩˦ tia˨˩ tia˨˩ 伯父　大舅老爷 hra˨˩ hiu˨˩˧ lɔ˨˩ i˨˩ 内

大妈 hra˨˩˦ ma˨˩ 伯母　　　　兄

老老 lɔ˨˩ lɔ˨˩ 叔父　　　　小舅老爷 ɕiɔ˨˩ hiu˨˩˧ lɔ˨˩ i˨˩ 内

小妈 ɕiɔ˨˩˦ ma˨˩ 叔母　　　　弟

舅舅 hiu˨˩˧ hiu˨˩ 舅父　　　大姨子 hra˨˩˧ i˨˩˧ tsɿ˨˩

舅母 hiu˨˩˧ mo˨˩　　　　　小姨妹子 ɕiɔ˨˩ i˨˩˧ mei˨˩˧ tsɿ˨˩

姑子 ku˨˩ tsɿ˨˩ 姑妈　　　　叔妹伙子 ṣuʔ˨˩ mei˨˩ xo˨˩ tsɿ˨˩

姨妈 i˨˩ ma˨˩　　　　　　　妯娌

　姨娘 i˨˩ nian˨˩　　　　　弟兄 hri˨˩˧ ṣuən˨˩

　阿姨 a˨˩ i˨˩　　　　　　　姊妹 tsɿ˨˩ mei˨˩˦

姑爹爹 ku˨˩ ia˨˩ ia˨˩ 姑父　哥哥 ko˨˩ ko˨˩

姨爹爹 i˨˩ tia˨˩ tia˨˩ 姨父　嫂子 sɔ˨˩ tsɿ˨˩

姑奶奶 ku˨˩ nɜ˨˩ nɜ˨˩ 父之姑母　弟弟 ti˨˩ ti˨˩

姑爹爹 ku˨˩ ti˨˩ ti˨˩ 父之姑父　　兄弟 ṣuən˨˩ hri˨˩

姨奶奶 i˨˩˧ nɜ˨˩ nɜ˨˩ 父之姨母　弟媳妇 hri˨˩ ɕiʔ˨˩ u˨˩

姨爹爹 i˨˩˧ ti˨˩ ti˨˩ 父之姨父　姐姐 tɕi˨˩ tɕi˨˩

舅奶奶 hiu˨˩ nɜ˨˩ nɜ˨˩ 父之舅母　姐夫 tɕi˨˩ fu˨˩

舅爹爹 hiu˨˩ ti˨˩ ti˨˩ 父之舅父　妹妹 mei˨˩˧ mei˨˩

　　　　　　　　　　　　　　妹子 mei˨˩˧ tsɿ˨˩

　　　平辈　　　　　　　　妹夫 mei˨˩˧ fu˨˩

平辈 p·in˨˩˧ pei˨˩　　　　堂兄弟 hran˨˩˧ ṣuən˨˩ hri˨˩

夫妻伙子 fu˨˩ tɕ·i˨˩ xo˨˩ tsɿ˨˩ 夫　堂哥 hran˨˩ ko˨˩ 堂兄

堂（兄）弟 hɣanɹ（ʂuənꜜ）
　hɣi·ꜜ 堂弟
堂姊妹 hɣanɹ tsʅꜜ meiꜛ
堂姐 hɣanɹ tɕiꜜ
堂妹（子）hɣanɹ meiꜛ（tsʅ·ꜜ）
　堂妹
表兄弟 pioꜜ ʂuənꜜ hɣi·ꜜ
表哥 pioꜜ koꜜ 表兄
表嫂 pioꜜ soꜜ
表弟 pioꜜ hɣiꜛ
表姊妹 pioꜜ tsʅꜜ meiꜛ
表姐 pioꜜ tɕiꜜ
表妹 pioꜜ meiꜛ

晚辈

晚辈 uanꜜ peiꜛ
子女 tsʅꜜ ny·ꜜ
儿子 ərꜛ tsʅꜜ
大儿子 hɣaꜛ ərꜛ tsʅꜜ
小儿子 ɕioꜜ ərꜛ tsʅꜜ
养子 ianꜜ tsʅꜜ
干儿子 kõꜜ ərꜛ tsʅꜜ
儿媳妇 ərꜛ ɕiʔꜜ u·ꜜ
女儿 nyꜜ ərꜛ
女婿 nyꜜ ɕy·ꜜ
孙子 sənꜜ tsʅ·ꜜ
孙媳妇 sənꜜ ɕiʔꜜ u·ꜜ
孙女 sənꜜ ny·ꜜ
孙女婿 sənꜜ nyꜜ ɕy·ꜜ
重孙子 hzuənꜛ sənꜜ tsʅ·ꜜ
重孙女 hzuənꜛ sənꜜ ny·ꜜ
外孙 uɛꜛ sən·ꜜ

外孙女 uɛꜛ sən·ꜜ nyꜜ
外甥 uɛꜛ sən·ꜜ
外甥女 uɛꜛ sən·ꜜ nyꜜ
侄子 tʂʅʔꜜ tsʅ·ꜜ
侄女 tʂʅʔꜜ ny·ꜜ

其他

一肩挑 iʔꜜ tɕinꜛ tioꜜ 连襟
亲家 tɕinꜛ ka·ꜜ
亲家母 tɕinꜛ ka·ꜜ moꜜ
亲戚 tɕinꜛ tɕiʔꜜ
走亲戚 tsɯꜜ tɕinꜛ tɕiʔꜜ
带个尾巴 tɛꜛ kɣʔꜜ ueiꜜ pa·ꜜ 妇
　女改嫁带的儿女
男斯家 nõꜛ sʅꜜ ka·ꜜ 男子通称
奶奶们 neꜜ neꜜ mən·ꜜ 妇女通称
内眷家 neiꜛ tɕynꜜ ka·ꜜ
娘家 nianꜛ ka·ꜜ
婆家 pʰuꜛ ka·ꜜ / hvoꜛ ka·ꜜ
男方 nõꜛ fan·ꜜ
女方 nyꜜ fan·ꜜ
家奶奶家 kaꜜ neꜜ ne·ꜜ kaꜜ 姥
　姥家
丈人家 hzanꜛ zən·ꜜ kaꜜ / tʂanꜛ
　zən·ꜜ kaꜜ

十一　身体

五官

五官 uꜜ kõꜜ
身体 sənꜜ tʰi·ꜜ

身材 ʂən˩ hzẓ˦
头 hɯɯ˦
冲头脑子 tʂˈneˍ˦ hɯɯ˦ nɔ˩ tsɿ·ˌ
　　奔儿头
光头 kuan˩ hɯɯ˦　秃头
　　秃头 tˈɤʔ˥ hɯɯ˦
秃顶 tˈɤʔ˥ tin˩
头顶 hɯɯ˦ tin˩
后脑勺 hɯ˥ nɔˍ˩ ʂɔ˩
颈子 tɕin˩ tsɿ·ˌ　颈
　　老颈把子 lɔˍ˥ tɕin˩ pa˥
　　tsɿ·ˌ
后脑窝 hɯ˥ nɔˍ˩ uo˩　颈后凹处
头毛 hɯɯ˦ mɔ˥　头发
少白头 ʂɔ˥ hvɤʔ˥ hɯɯ˦
掉头毛 tiɔ˥ hɯɯ˦ mɔ˥
额头 ŋɤʔ˥ hɯɯ·ˌ
囟门 ɕin˥ mən˦
鬓角 pin˥ kɤʔ˥
辫子 hvyn˥ tsɿ·ˌ
巴巴鬏 pa˩ pa˥ tɕiu˩　鬏
刘海 liu˦ xɛ˥
脸 lin˩
　　脸巴子 lin˩ pa˩ tsɿ·ˌ
脸蛋 lin˩ tan˥
颧骨 tɕˈyn˥ kuʔ˥
酒窝 tɕiu˥ uo˩
人中 zən˦ tʂeʔ˩
腮巴子 sɛ˩ pa˩ tsɿ·ˌ　腮帮子
眼 ŋan˩
　　眼眶子 ŋan˩ kˈuan˥ tsɿ·ˌ
眼（睛）珠子 ŋan˩ (tɕin·ˌ)

tʂu˩ tsɿ·ˌ
白眼（睛）珠子 hvɤʔ˥ ŋan˩
　　(tɕin·ˌ) tʂu˩ tsɿ·ˌ
黑眼（睛）珠子 xɤʔ˥ ŋan˩
　　(tɕin·ˌ) tʂu˩ tsɿ·ˌ
眼睛梢子 ŋan˩ tɕin·ˌ ʂɔ˩ tsɿ·ˌ
　　眼角儿（上下眼睑的接合处）
眼睛圈子 ŋan˩ tɕin·ˌ tɕˈyn˩
　　tsɿ·ˌ　眼圈儿
眼泪 ŋan˩ lei˥
眼（睛）屎 ŋan˩ (tɕin·ˌ) ʂɿ˥
眼（睛）皮 ŋan˩ (tɕin·ˌ) hvy˦
单眼（睛）皮 tan˩ ŋan˩
　　(tɕin·ˌ) hvy˦
双眼（睛）皮 ʂuan˩ ŋan˩
　　(tɕin·ˌ) hvy˦
眼睫毛 ŋan˩ tɕiʔ˥ mɔ˥
眉毛 mei˦ mɔ·ˌ
皱眉头 tsɯ˥ mei˦ hɯɯ·ˌ
鼻子 hvyʔ˥ tsɿ·ˌ
鼻滴 hvyʔ˥ tiʔ˥　鼻涕
鼻滴脓 hvyʔ˥ tiʔ˥ lən˦　鼻垢
鼻孔 hvyʔ˥ kˈən˥
鼻毛 hvyʔ˥ mɔ˥
鼻子尖 hvyʔ˥ tsɿ·ˌ tɕin˩　①鼻子
　　顶端　②嗅觉灵敏
鼻梁 hvyʔ˥ lian˦
酒糟鼻子 tɕiu˥ tsɔ˩ hvyʔ˥ tsɿ·ˌ
嘴 tsei˥
嘴巴沿子 tsei˥ pa·ˌ in˥ tsɿ·ˌ
　　嘴唇
涎包 han˥ pɔ·ˌ　唾沫

涎包星子 han˦˧ pɔ·˩ ɕin˩ tsɿ·˩
　唾沫星儿
口水 k·u˦˧ ʂuei˩ 涎水
舌头 hzəʔ˩ hɾɯ·˩
大舌头 hɾa˥ hzəʔ˩ hɾɯ·˩ 口齿
　不清
牙扎 ŋa˦˧ tʂəʔ˩ 牙
门牙 mən˩ ŋa˩
槽牙 hzɔ˩ ŋa·˩ 大牙
犬牙 tɕ·yn˩ ŋa·˩ 虎牙
牙屎 ŋa˩ ʂɿ˩ 牙垢
牙床 ŋa˩ hzuan˩
虫牙 hzəŋ˩ ŋa˩
耳道 ər˩ ct·˩ 耳朵
耳道眼 ər˩ ct·˩e ŋan˩ 耳朵眼
耳屎 ər˦˧ ʂɿ˩
耳背 ɾe˩ hvei˥
下巴 ɕia˥˧ pa·˩
喉咙 hɯ˦˧ lən˩
喉结 hɯ˦˧ tɕiʔ˩
胡子 hu˦˧ tsɿ·˩
络腮胡子 lɤʔ˩ sɛ˩ hu˦˧ tsɿ·˩
八字胡子 pəʔ˩ hzɿ˥ hu˦˧ tsɿ·˩
下巴胡子 ɕia˥˧ pa·˩ hu˦˧ tsɿ·˩

　　手、脚、胸、背

胸 ɕyn˩
背 pei˥
肩膀 tɕin˩ pan˩
肩胛骨 tɕin˩ tɕiəʔ˩ kuʔ˩
塌肩膀 t·əʔ˩ tɕin˩ pan˩ 溜肩膀
　儿

胳子 kəʔ˩ tsɿ·˩ 胳膊
　胳膊 kəʔ˩ pɤʔ˩
胳膊肘 kəʔ˩ pɤʔ˩ tʂɯ˩
膈肢窝 kɤʔ˩ tʂɿ˦˧ uo˩
手腕子 ʂɯ˩ uan˩ tsɿ·˩
左手 tso˦˧ ʂɯ˩
反手 fan˦˧ ʂɯ˩
右手 iu˥ ʂɯ˩
正手 tʂən˥ ʂɯ˩
手指拇头子 ʂɯ˩ tsɿʔ˩ mɤʔ·˩
　hɾɯ˦˧ tsɿ·˩ 手指
关节 kuan˩ tɕiʔ˩（指头）关节
手指缝 ʂɯ˩ tsɿ˩ fəŋ˥
手趼子 ʂɯ˩ tɕin˩ tsɿ·˩
大指拇头子 hɾa˥ tsɿ˩ mɤʔ·˩
　hɾɯ˦˧ tsɿ·˩ 大拇指
二指拇头子 ɾe˥ tsɿ˩ mɤʔ·˩
　hɾɯ˦˧ tsɿ·˩ 食指
中指拇头子 tʂən˩ tsɿ˩ mɤʔ·˩
　hɾɯ˦˧ tsɿ·˩ 中指
小指拇头子 ɕiɔ˩ tsɿ˩ mɤʔ·˩
　hɾɯ˦˧ tsɿ·˩ 小拇指
指甲 tsɿʔ˩ kəʔ˩
指甲心 tsɿʔ˩ kəʔ˩ ɕin˩ 指甲盖
　和指尖肌肉连接处
拳头 lɿyn˦˧ lɾɯ˩
手掌 ʂɯ˩ tʂan˩
巴掌 pa˩ tʂan·˩
手（掌）心 ʂɯ˩（tʂan˩）ɕin˩
手背 ʂɯ˩ pei˥
腿 t·ei˩
大腿 hɾa˥ t·ei˩

大腿根 hɻaˇ tˈeiˇ kənˋ
小腿 ɕiɔˋ˅ tˈeiˇ
小腿肚子 ɕiɔˋ˅ tˈeiˇ tɯˇ tsʅ·
胫骨 tɕinˋ kuʔˊ
腿萝卜盖 tˈeiˇ loˇ po· kɤˋ /
　　tˈeiˇ lɤʔˊ˩ poˊ kɤˋ 膝盖
腰腿骨 iɔˇ tˈeiˇ kuʔˊ 胯骨
裤裆 kˈu˅ tanˋ
屁股 pˈiˋ ku·
屁眼 pˈiˋ ŋanˋ 肛门
屁眼沟 pˈiˋ ŋanˋ kɯˋ 屁股沟儿
屁眼骨 pˈiˋ ŋanˋ kuʔˊ 尾骨
屌 tiɔˋ 男阴
鸡鸡 tɕiˋ tɕi· 赤子阴
屄 piˋ 女阴
戳劈 tsʔˊ˩ pˈiʔˊ 交合
精子 tɕinˋ tsʅ· 精液
□ sənˋ
他妈的 tˈɤʔˊ maˋ ɤʔ·
脚腱子 tɕiəʔˊ tɕinˊ tsʅ· 脚腕子
脚拐子 tɕiəʔˊ kuɤˋ tsʅ· 踝子骨
脚 tɕiəʔˊ
赤脚 tʂʅʔˊ tɕiəʔˊ
脚背 tɕiəʔˊ peiˋ
脚掌 tɕiəʔˊ tʂanˋ
　　脚底板 tɕiəʔˊ ti˅ panˋ
脚心 tɕiəʔˊ ɕinˋ
脚尖 tɕiəʔˊ tɕinˋ
脚指拇头子 tɕiəʔˊ tʂʅʔˊ mɤʔˊ
　　hɯˇ˥ tsʅ· 脚趾头
脚指甲 tɕiəʔˊ tʂʅʔˊ kəʔˋ
脚跟 tɕiəʔˊ kənˋ

脚印子 tɕiəʔˊ inˊ tsʅ·
鸡眼 tɕiˋ ŋan· 一种脚病
心口 ɕinˋ kˈɯ·
胸门口 ɕynˋ mənˇ kˈɯˋ 胸脯
肋巴骨 lɤʔˊ pa· kuʔˊ 肋骨
妈妈 maˋ ma· ①乳房 ②奶汁
奶 nɛˇ 乳汁
（大）肚子（hɻaˇ）tɯˇ tsʅ· 腹部
（小）肚子（ɕiɔˇ）tɯˇ tsʅ· 小腹
肚子眼 tɯˇ tsʅ· ŋanˋ 肚脐眼
腰 iɔˋ
背心 peiˋ˅ ɕinˋ 脊背
背心骨 peiˋ˅ ɕinˋ kuʔˊ 脊梁骨

其他

头毛窝 hɯˇ mɔˇ uoˋ 头发旋儿
　　漩涡子 ɕynˋ uoˋ tsʅ·
双漩涡子 ʂuanˋ ɕynˋ uoˋ tsʅ·
指拇头印子 tʂʅʔˊ mɤʔˊ hɯˇ
　　inˋ tsʅ· 指纹
箩 loˇ 圆形的指纹
粪箕 fənˋ tɕi· 簸箕形的指纹
寒毛 xanˇ mɔˇ
　　汗毛 hõˋ mɔˇ
寒毛孔 xanˇ mɔˇ kˈənˋ 寒毛眼儿
痣 tsʅˋ
骨头 kuʔˊ hɯ·
筋 tɕinˋ

血 çiʔ˧
血管 çiʔ˧ kõ˧ / çyʔ˧ kõ˧
脉 mɤʔ˧
五脏 u˧˩˧ tsan˥
心 çin˧
肝 kõ˧
肺 fei˥
胆 tan˧˩˧
脾 hvy˧˩˧
胃 uei˥
腰子 io˧ tsʅ·
肾
肠子 hzan˧˩˧ tsʅ·
大肠子 hɑ˥ hzan˧˩˧ tsʅ·
小肠子 çio˧˩˧ hzan˧˩˧ tsʅ·
盲肠 mõ˧˩˧ hzan˧˩˧

十二　疾病　医疗

一般用语

害病 hɛ˥ hvyn˥ 病了
小病 çio˧˩˧ hvyn˥
害痨病 hɛ˥ lɔ˧˩˧ hvyn˥ 重病
病好一点了 hvyn˥ xɔ˧˩˧ iʔ˧ tin· lɤ· 病轻了
病好个了 livyn˥ xɔ˧˩˧ kɤʔ· lɤ· 病好了
喊医生 xan˧˩˧ i˧ sən˧ 请医生
看病 k·õ˥ hvyn˥
把脉 pa˧˩˧ mɤʔ˧ 号脉
开方子 k·ɤ˧ fan˧ tsʅ· 开药方
偏方 p·in˧ fan˧

抓药 tsua˧ iəʔ˧ 买中药
买药 mɤ˧ iəʔ˧ 买西药
药铺 iəʔ˧ p·u˥ 中药铺
药房 iəʔ˧ hvan˧ 西药房
药引子 iəʔ˧ in˧˩˧ tsʅ·
药罐子 iəʔ˧ kõ˥ tsʅ·
煎药 tçin˧ iəʔ˧
药膏 iəʔ˧ kɔ˧ 西药
膏药 kɔ˧ iəʔ˧ 中药
药末 iəʔ˧ mɤʔ˧ 药面儿
搲点药 t·ɤ· tin· iəʔ˧ 搽药膏
上药膏子 ʂan˥ iəʔ˧ kɔ˧ tsʅ· 上药
吃中药 tʂ·ʅʔ˧ tʂən˧ iəʔ˧
淌汗 t·an˧˩˧ xõ˥ 发汗
去风 tç·y˥ fən˧
去火 tç·y˥ xo˧˩˧
去湿 tç·y˥ ʂʅʔ˧
去毒 tç·y˥ tɤʔ˧
打针灸 ta˧˩˧ tʂən˧˩˧ tçiu· 扎针
拔火罐 pəʔ˧ xo˧˩˧ kõ˥

内科

拉肚子 la˧ tɯ˥ tsʅ· 泻肚
发热 fəʔ˧ zɤʔ˧ 发烧
发冷 fəʔ˧ lən˧
起鸡皮疙瘩 tç·i˧˩˧ tçi˧ hvy˧˩˧ kɤʔ˧ təʔ˧
伤风 ʂan˧˩˧ fən˧
咳嗽 k·əʔ˧ su˥
气闷 tç·i˥ mən˥ 气喘
气管炎 tç·i˥ kõ˧˩˧ in˧

上火 ʂanˇ xoˋ
隔食 kɤʔˊ hzʅʔˊ 积滞
肚子疼 tɯˋ tsʅˑ hrənˊ
胸门口疼 ɕynˋ mənˊ k·ɯˇ hrənˊ 胸口疼
头昏 hrɯˊ xuənˋ 头晕
晕车 ynˇ tʂ·eiˋ
晕船 ynˋ hzʅõˊ
头疼 hrɯˊ hrənˊ
呕吐得去 ŋɯˋ t·ɯˋ tɤʔˑ k·eiˑ 吐了
干呕 kanˋ ŋɯˋ 干哕
疝气 hzanˋ tɕiˇ
脱肛 t·ɤʔˊ kanˋ
子宫脱垂 tsʅˋ kənˋ t·ɤʔˊ tʂ·ueiˋ
打半日子 taˋ põˇ zʅʔˊ tsʅˑ 发疟子（疟疾发作）
麻花 maˊ xuaˋ （出）麻疹
水花 ʂueiˋ xuaˋ （出）水痘
天花 t·inˇ xuaˋ （出）天花
种痘子 tʂənˋ hrɯˊ tsʅˑ
伤寒 ʂanˋ hõˊ
黄疸 huanˊ tanˋ
肝炎 kanˋ inˊ
肺炎 feiˇ inˊ
胃病 ueiˇ hvynˇ
阑尾炎 lanˋ ueiˋ inˊ
害痨病 hɛˋ lɔˇ hvynˇ 痨病（中医指结核病）

外科

跌伤 təʔˊ ʂanˋ
碰伤 p·neˑ ʂanˋ
皮碰破去 hvyˇ p·neˑ p·oˋ k·eiˑ 蹭破皮儿
画个口子 xuaˇ koˋ k·ɯˇ tsʅˑ 刺个口子
出血 tʂ·uʔˊ ɕyʔˊ
淤血 yˋ ɕyʔˊ
红肿 hənˊ tʂənˋ
贯脓 kuanˇ nənˊ 溃脓
疤 paˋ ①结痂 ②疤
嘴巴子肿 tseiˋ paˇ tsʅˑ tʂənˋ 腮腺炎
长疮 tʂanˇ tʂ·anˋ
长疔 tʂanˇ tinˋ
屎疮 ʂʅˇ tʂ·anˋ 痔疮
癣 ɕinˋ
痱子 hveiˋ tsʅˑ
汗斑 hõˋ panˋ
包 pɔˋ ①瘊子 ②因蚊子叮咬等原因，皮肤表面起的圆形或块状的疙瘩，很痒
疖子 tɕiʔˊ tsʅˑ 暑天小孩儿头上长的充血硬块，红肿，化脓，疼痛，会留疤
痣 tsʅˇ 痦子
雀斑 tɕ·iʔˊ panˋ
粉刺 fənˋ tsʅˇ
赶毛骚 kanˋ mɔˋ sɔˋ 狐臭
口臭 k·ɯˇ tʂ·ɯˇ
大脖子 hrɑˇ pɤʔˊ tsʅˑ 甲状腺肿大
鼻子不通 hvyʔˊ tsʅˑ pɤʔˊ t·ənˋ

①嗅觉不灵 ②鼻不通气，发音不清

公鸭喉咙 kənˋ ŋəʔ˩ tɕʰmˋ neɪˋ 公鸭嗓儿（嗓音沙哑）

洞眼龙 tənˇˋ ŋanˇˋ neɪˋ 一只眼儿（一只眼睛是瞎的）

近视瞎 hinˋ ʂɿˇ xeʔ˧˥ 近视眼（背称）

近视眼 hinˋ ʂɿˇ ŋaŋˋ 面称

远光 ynˋ kuanˋ 远视眼

老花眼 lɔˋ xuaˋ ŋaŋˋ

肿眼泡 tʂənˋ ŋaŋˇˋ pʰɔˇˋ 鼓眼泡儿

斗鸡眼 tɯˇ tɕiˋ ŋaŋˋ 内斜视

残疾等

霉躺 meiˋ tʰanˋ 癫痫

偏风 pʰinˇˋ fənˋ 中风

瘫子 tʰanˋ tsɿ˩ 瘫痪的人

脚子 tɕiəʔ˩ tsɿ˩ 瘸子

驼子 hroˇˋ tsɿ˩ 罗锅儿

聋子 lənˇˋ tsɿ˩

哑巴子 ŋaˋ pəʔ˩ tsɿ˩ 哑巴

结巴子 tɕiʔ˩ pəʔ˩ tsɿ˩ 结巴

瞎子 xeʔ˩ tsɿ˩

奀了 nɔˋ tsɿ˩ 傻了

跛子 tʂueˋ tsɿ˩ 腿残者叫瘸子，手残者叫~

秃子 tʰɤʔ˩ tsɿ˩ 头发脱光的人

麻子 maˇˋ tsɿ˩ ①人出天花后留下的疤痕 ②脸上有麻子的人

豁巴子 xɤʔ˩ pəʔ˩ tsɿ˩ 豁唇子

豁子 xɤʔ˩ tsɿ˩ 豁牙子

多指头 toˋ tʂɿ˩ hrɯˋ 六指儿

反撇子 fanˋ pʰiʔ˩ tsɿ˩ 左撇子

十三 衣服 穿戴

服装

穿衣 tʂʰõˇˋ iˋ

打扮 taˋ panˋ

衣服 iˋ fuˋ 总称内外衣内外裤

制服 tsɿˋ fɤʔ˩

中山服 tʂənˋ ʂanˋ fɤʔ˩

西服 ɕiˋ fɤʔ˩

长大褂子 tʂʰanˋ hraˇˋ kuaˋ tsɿ˩ 长衫

旗袍 tɕʰiˋ hvɔˋ

棉袄 minˋ ŋɔˋ

皮袄 hvyˋ ŋɔˋ

大衣 hraˇˋ iˋ

短大衣 tõˋ hraˇˋ iˋ

衬衣 tsʰənˇˋ iˋ

外套 ueˇ tʰɔˇ

领子 linˋ tsɿ˩

背巾 peiˇ tɕiɯˋ 坎肩

圆领衫了 ynˋ linˇˋ ʂaŋˋ tsɿ˩ 针织圆领衫

背搭子 peiˇ təʔ˩ tsɿ˩ 汗背心

袖子 hiuˇ tsɿ˩

长袖子 hzanˇˋ hiuˇ tsɿ˩ 长袖

短袖子 tõˋ hiuˇ tsɿ˩ 短袖

裙子 hynˇˋ tsɿ˩

衬裙 tsʻənˇ hynˊ

裤子 kʻuˇ tsɿ·

单裤 tanˋ kʻuˇ

裤头子 kʻuˇ hɯʅˊ tsɿ· 裤衩儿
（贴身穿的）

短裤 tõˋ kʻuˇ 穿在外面的

开裆裤 kɛˋ tɐˊ tanˋ kʻuˇ

死裆裤 sɿʅˊ tanˋ kʻuˇ 相对开裆裤而言

裤裆 kʻuˇ tanˋ

裤腰 kʻuˇ iɔˋ

裤腰带 kʻuˇ iɔˋ tɐʅˊ

裤腿 kʻuˇ tʻeiˋ

口袋子 kʻɯˋ hɛʅˊ tsɿ· 兜儿
（衣服上的口袋）

纽子 niuˋ tsɿ· 纽扣（中式的、西式的）

纽襻子 niuˋ pʻanˇ tsɿ· 扣襻
（中式的）

纽子眼 niuˋ tsɿ· ŋanˋ 扣眼儿
（西式的）

鞋帽

鞋子 hɛʅˊ tsɿ· 鞋

拖鞋 tʻoˋ hɛˊ

棉鞋 minˊ hɛˊ

皮鞋 hvyˊ hɛˊ

布鞋子 puˇ hɛʅˊ tsɿ· 布鞋

鞋底子 hɛˊ tiˋ tsɿ· 鞋底儿

鞋帮子 hɛˊ panˋ tsɿ· 鞋帮儿

鞋楦子 hɛʅˊ çynˇ tsɿ·

鞋拔子 hɛʅˊ hvɐʔˊ tsɿ·

胶鞋 tçiɔˋ hɛʅˊ 雨鞋（橡胶做的）

木靸子 mɤʔˊ səʔˊ tsɿ· 木屐

鞋带子 hɛʅˊ tɐʅˊ tsɿ· 鞋带儿

袜子 uəʔˊ tsɿ·

线袜子 çinˇ uəʔˊ tsɿ· 线袜

丝袜子 sɿʅˊ uəʔˊ tsɿ· 丝袜

长袜子 hzanˊ uəʔˊ tsɿ· 长袜

短袜子 tõˋ uəʔˊ tsɿ· 短袜

裹脚布 koˋ tçiəʔˊ puˇ 旧时妇女专用于裹脚的布

帽子 mɔˇ tsɿ·

皮帽 hvyˊ mɔˇ

礼帽 liˋ mɔˇ

瓜皮帽 kuaˋ hvyˊ mɔˇ

军帽 tçynˋ mɔˇ

草帽 tsʻɔˋ mɔˇ

阳帽 ianˊ mɔˇ 斗笠

帽嘴子 mɔˇ tseiˋ tsɿ· 帽檐儿

装饰品

镯子 hzuʔˊ tsɿ·

链子 linˇ tsɿ· 戒指

项链 çianˇ linˇ

项箍 hanˇ kʻuˋ 项圈

长命锁 tsʻanˊ minˇ soˋ 百家锁
（小儿佩戴的）

簪子 tsõˋ tsɿ·

耳环 ərˋ huanˊ

胭脂 inˋ tsɿˇ

花粉 xuaˋ fənˋ 粉

其他穿戴用品

围腰子 ueiˊ iɔˋ tsʅ· 围裙
家沟子 kaˋ kɯˋ tsʅ· 围嘴儿
诺⁼子 nɤʔˊ tsʅ· 尿布
　尿片 niɔnˋ p·inˋ
手捏子 ʂɯˋ niʔˊ tsʅ· 手绢儿
围巾子 ueiˊ tɕinˋ tsʅ· 围巾（长条的）
手套子 ʂɯˋ t·ɔnˋ tsʅ· 手套
眼镜子 ŋanˋ tɕinnˋ tsʅ· 眼镜
伞 sanˋ
蓑衣 soˋ iˋ
雨衣 ʐuˋ iˋ 新式的
手表 ʂɯˋ piɔˋ

十四　饮食

伙食

吃饭 tʂʅʔˊ hvanˋ
早饭 tsɔˋ hvanˋ
中饭 tʂənˋ hvanˋ 午饭
晚饭 ŋanˋ hvanˋ
接力 tɕiʔˊ liʔˊ 打尖（途中吃点东西）
吃的东西 tʂʅʔˊ tɤʔ· tənˋ ɕi· 食物
零嘴 linˊ tseiˋ 零食
糕点 kɔˋ tinˋ 点心（糕饼之类食品）
小菜 ɕiɔˋ ts·ɛˋ 茶点

夜宵 i· ɕiɔ·
吃夜宵 tʂʅʔˊ i· ɕiɔ·

米食

饭 hvanˋ 米饭
剩饭 hzənˋ hvanˋ
现饭 ɕinˋ hvanˋ
焦得个 tɕiɔˋ tɤʔ· kɤʔ·（饭）煳了
馊得个 sɯˋ tɤʔ· kɤʔ·（饭）馊了
发霉 fəʔˊ meiˊ
锅巴 koˋ pa·
粥 tʂuʔˊ
饮汤 inˋ t·anˋ 煮饭滗出的米汤
米糊 miˋ huˊ / miˋ uˊ 用米磨成的粉做的糊状食物
粽子 tsənnˋ tsʅ·
糍粑 hzʅˊ paˋ / zʅˊ paˋ
炒米 tʂ·ɔˋ miˋ 米一般先用水泡过或煮过，再炒熟

面食

面粉 minˋ fənˋ
面条 minˋ hɹɦˊ
挂面 kuaˋ minˋ
小刀面 ɕiɔˋ tɔˋ minˋ 机制干面条
肉末 zɯˋ mɤʔ· 臊子
面糊 minˋ huˊ / minˋ uˊ 用面做成的糊状食物
大馍 hɹaˋ moˊ 馒头

包子 pɔ˧ tsʅ·
油条 iu˧ hriɔ˧
烧饼 sɔ˥ pin·
煎饼 tɕin˩ pin· 烙饼
花卷 xuɛ˩ tɕyn˧
饺子 tɕiɔ˥ tsʅ·
馅 ɕin˥
馄饨 huən˧ tən·
烧卖 sɔ˥ mɤ˥
蛋糕 tan˥ kɔ·
汤圆 t'an˩ yn˧
团子 hrõ˧˩ tsʅ·
粑粑 pa˩ pa· 中秋节时吃的用糯米做成的食品，有豆沙馅、芝麻馅等
月饼 yʔ˥ pin·
饼干 pin˧ kan˩

肉、蛋

肉丁 ʐɯ˥˩ tin·
肉片 ʐɯ˥ p'in˥
肉丝 ʐɯ˥ sʅ˩
肉末 ʐɯ˥ mɤʔ˥
肉皮 ʐɯ˥ hvy˧
猪大腿 tʂu˩ hra˥ t'ei˩ 肘子
猪蹄子 tʂu˩ hri˧˩ tsʅ·
猪脚 tʂu˩ tɕiɔʔ˥
里筋 li˩ tɕin˩ 里脊
蹄筋 hri˧ tɕin˩
牛舌滴⁼ niu˧ hzə˥ tiʔ˥ 牛舌头
猪舌滴⁼ tʂu˩ hzə˥ tiʔ˥ 猪舌头
下水 ɕia˥˩ ʂuei· 猪牛羊的内脏

猪肺 tʂu˩ fei˥
猪大肠 tʂu˩ hra˥˩ hzan˧
大骨头 hra˥ kuʔ˥ hrɯ· 猪的腔骨
排骨 hvɛ˧ kuʔ˥
大排 hra˥˩ hvɛ˧
小排 ɕiɔ˧˩ hvɛ˧
子排 tsʅ˧˩ hvɛ˧
牛百叶 niu˧ pɤʔ˥ iʔ˥ 牛的毛肚儿
牛肚子 niu˧ tɯ˧ tsʅ· 牛肚儿（光滑的那种）
猪肝 tʂu˩ kõ˩
猪腰子 tʂu˩ iɔ˩ tsʅ·
鸡杂 tɕi˩ hzaʔ˥
鸡硬肝 tɕi˩ ŋən˥ kõ˩ 鸡肫
猪血（旺）tʂu˩ ɕyʔ˥ (uan˥) 猪血
鸡血 tɕi˩ ɕyʔ˥
炒鸡蛋 tʂ'ɔ˧ tɕi˩ hran˥
荷包蛋 ho˧˩ pɔ˩ hran˥
打鸡子 ta˩ tɕi˩ tsʅ˧ 做荷包蛋
煮鸡子 tʂu˩ tɕi˩ tsʅ˧ 煮鸡蛋（连壳煮）
浮鸡子 hvu˧˩ tɕi˩ tsʅ˧ 打蛋汤
炖蛋 tən˥ hran˥ 蛋羹（加水调匀蒸的）
炖子 tən˥ tsʅ˩
皮蛋 hvy˧ hran˥ 松花蛋
咸鸡子 han˧ tɕi˩ tsʅ˧ 咸鸡蛋
咸鸭子 han˧ ŋaʔ˥ tsʅ˧ 咸鸭蛋
香肠 ɕian˩ hzan˧

菜

菜 tsʻɛˇ
干菜 kõ˧ tsʻɛˇ 煮熟后再晒干的蔬菜，咸的
素菜 suɯˇ tsʻɛ·
荤菜 xuən˨ tsʻɛ·
咸菜 han˦ tsʻɛ·
雪里蕻 çyʔ˧ li· hən˦
小菜 çiɔˇ tsʻɛˇ
豆腐 hruɯˇ fu·
豆腐皮 hruɯˇ fu· hvy˦
腐竹 fu˨ tʂu˧
千张 tɕin˨ tʂan˨ 薄的豆腐干片
干子 kan˨ tʂʅ· 豆腐干儿
豆腐果子 hruɯˇ fu· ko˨ tʂʅ· 豆腐泡儿
豆腐脑 hruɯˇ fu· nɔˇ
豆浆 hruɯˇ tɕian·
（豆）腐乳（hruɯˇ）fu˨ ʐu˨
细粉丝 çi˦ fən˨ sʅ˨ 绿豆做的
粉丝 fən˨ sʅ˨ 山芋做的
粉条 fən˨ hriɔ˦ 马铃薯做的
粉皮 fən˨ hvy˦
面筋 min˧ tɕin·
凉粉 lian˦ fən˨
藕粉 ŋuɯˇ fən˨
豆豉 hruɯˇ tɕʻi·
生粉 sən˨ fən· 芡粉
木耳 mɤˇ ɚˇ
白木耳 hvɤʔ˧ mɤʔ˧ ɚ˦ 银耳
金针 tɕin˨ tʂən˨

海参 xɛ˨ sən˨
海带 xɛ˨ tɛ˨
海蜇 xɛ˨ tʂʅʔ˧

油盐作料

味道 uei˧ hrɔ· ①味道 ②气味
颜色 in˦ sɤʔ˧
猪油 tʂu˨ iu˦ 荤油
菜油 tsʻɛˇ iu˦ 素油
花生油 xua˨ sən˨ iu˦
茶油 hʐa˦ iu˦
菜籽油 tsʻɛˇ tʂʅ˨ iu˦
脂麻油 tʂʅ˨ ma· iu˦
咸盐 han˦ in˦
粗咸盐 tsʻuɯ˨ han˦ in˦
细咸盐 çi˦ han˦ in˦ 精盐
酱油 tɕianˇ iu˦
脂麻酱 tʂʅ˨ ma· tɕianˇ
甜酱 hrin˧ tɕianˇ
豆子酱 hruɯˇ tʂʅ· tɕianˇ 豆瓣酱
辣酱 ləʔ˧ tɕianˇ
醋 tsʻuɯˇ
料酒 liɔˇ tɕiuˇ
红糖 liən˦ hran˦
白糖 hvɤʔ˧ hran˦
冰糖 pin˨ hran˦
水果糖 ʂuei˨ ko˨ hran˦
花生糖 xua˨ sən˨ hran˦
麦芽糖 mɤʔ˧ ia˦ hran˦
作料 tsɤʔ˧ liɔˇ
八角 pəʔ˧ kɤʔ˧

桂皮 kueiˇ hvyˊ
花椒 xuaˇ tɕiˋ
胡椒粉 xuˊ tɕiˋ fəŋˋ

烟、茶、酒

烟 inˋ
烟叶子 inˋ iʔ˧ tsʅ˙
烟丝 inˋ sʅˋ
香烟 ɕianˋ in˙
旱烟 hõ˧˩ in˙
黄烟 huanˊ in˙
水烟袋 ʂueiˇ inˋ hʐʅ˧˩
旱烟袋 hõ˧˩ inˋ hʐʅ˧˩
烟盒子 inˋ həʔˊ tsʅ˙
烟油子 inˋ iuˇ tsʅ˙
烟灰 inˇ xueiˋ
打火石 taˇ xoˇ hʐʅʔ˧
茶 hʐaˊ
茶叶 hʐaˊ iʔ˧
开水 kɛˋ ʂueiˇ
泡茶 pʰɔˇ hʐaˊ 沏茶
倒茶 tɔˇ hʐaˊ
白酒 hvɤʔ˧ tɕiuˇ
米酒 miˇ tɕiuˇ
黄酒 huanˊ tɕiuˇ

十五 红白大事

婚姻、生育

亲事 tɕʰinˇ hʐʅ˙
做媒 tsoˇ meiˊ
媒人 meiˇ zənˊ
相亲 ɕianˇ tɕʰinˋ
相貌 ɕianˇ mɔˊ
样貌 ianˇ mɔˊ
年龄 ninˊ linˊ
年纪 ninˇ tɕi˙
定婚 hɻinˇ xuənˋ
定日子 hɻinˇ zʅʔ˧ tsʅ˙
定礼 hɻinˇ liˇ
喜日子 ɕiˇ zʅʔ˧ tsʅ˙ 喜期（婚礼日）
喜酒 ɕiˇ tɕiuˇ
送嫁 sənˇ kaˇ 过嫁妆
讨老婆 tʰɔˇ lɔˇ hvo˙ 娶亲
讨妈妈 tʰɔˇ maˋ ma˙
讨人 tʰɔˇ zənˊ
出嫁 tʂʰuʔ˧ kaˇ（女子）出嫁
出闺 tʂʰuʔ˧ kueiˋ
嫁闺女 kaˇ kueiˋ nyˊ
把人家 paˇ zənˇ kaˋ
结婚 tɕiʔ˧ xuənˋ
花轿子 xuaˋ hiɔ˧˩ tsʅ˙
拜堂 hʐɛˇ hɻanˊ
新郎官 ɕinˋ lanˊ kuanˋ
新娘子 ɕinˋ nianˇ tsʅ˙
新房 ɕinˋ hvanˊ
交杯酒 tɕiɔˋ peiˋ tɕiuˇ
焐房 u˧˩ hvanˊ 暖房
回门 hueiˊ mənˊ 婚后第三天回娘家
二婚 ɚ˧˩ xuən˙
招亲 tʂɔˋ tɕʰinˋ 招男子来家结婚

落户
有喜 iu˧˩ ɕi˧˩ 怀孕了
　怀孕 huɛ˧ yn˥
大肚子 hɑ˥ tɯ˥ tsʅ·
小产 ɕiɔ˧˩ tsan˧˩
　小生个 ɕiɔ˥ nəŋ˧˩ kɤʔ·
接生 tɕiʔ˧ sən˧˩
胞衣子 pɔ˧ i˧ tsʅ· 胎盘
坐月子 hzo˥ yʔ˥ tsʅ·
满月 mõ˧˩ yʔ˥
十二朝 sʅʔ˥ ɻe˥ tsɔ˧˩ 孩子出生12天后办酒席
头胎 hɻɯ˧˩ tʻɛ·
双胞胎 ʂuan˧˩ pɔ˧˩ tʻɛ·
打胎 ta˧˩ tʻɛ˧˩
　刮胎 kuəʔ˥ tʻɛ˧˩
遗腹子 i˧ u· tsʅ·
吃奶 tʂʅʔ˥ nɛ˧˩
　吃妈妈 tʂʅʔ˥ ma˧˩ ma·
奶头子 nɛ˧˩ hɻɯ˧˩ tsʅ· 奶头
尿床 niɔ˥ hzuan˧˩

寿辰、丧葬

牛日 sən˧˩ zʅʔ·
做寿 tsoʏ hzɯ˥ 一般50岁以上才做寿
祝寿 tʂuʔ˥ hzɯ˥
寿星 hzɯ˥ ɕin·
丧事 san˧˩ hzʅ·
奔丧 pən˧˩ san˧˩
死了去 sʅ˧˩ lɤʔ· kɛ· 死了
　丢得个 tiu˧˩ tɤʔ· kɤʔ·

过世 koʏ sʅʔ·
打百年 ta˧˩ pɤʔ˥ nin· 指老人去世
把信 pa˧˩ ɕin˥ 报信，由熟悉的人去通报病重或去世的消息，一般会带一把伞，活信，伞钩朝下；死信，伞尖朝下
灵床 lin˧ hzuan˧˩
棺材 kõ˧˩ hzɤ˧˩
寿材 hzɯ˥ hzɤ˧˩ 生前预制的棺材
入殓 zuʔ˥ lin˥
　盖棺 kɛʏ kõ·
灵堂 lin˧ hɻan˧˩
守灵 ʂɯ˧˩ lin˧˩
做七 tsoʏ tɕiʔ·
守孝 ʂɯ˧˩ ɕiɔʏ
带孝 tɛʏ hiɔʏ
除孝 hzu˧ ɕiɔʏ
孝子 hiɔʏ tsʅ˧˩
孝孙 hiɔʏ sən˧˩
出 tʂuʔ˥ 出殡
送山 sən˥ san˧˩ 送葬
吃泡饭 tʂʅʔ˥ pʻɔʏ hvanʏ 吃丧宴，一般下午吃
纸人 tsʅ˧˩ zən˧˩ 用纸扎的人
灵屋 lin˧˥ uʔ˥ 用纸扎的房子等，六七时在坟头边烧
表钱 piɔ˧˩ hin˧˩ 坟头边插杨树条，用白纸剪花，挂于其上
嵌 tɕin˥ 插
纸钱 tsʅ˧˩ hin˧˩

坟地 fən˧˥ hɿi˧˥

坟 hvən˧˥

碑 pei˥˩

上坟 hz̩aŋ˥˩ fən·

自尽 hz̩ɿ˥˩ tɕin˥˩ 自杀

跳水 t·iɔ˥˩ ʂuei˥˩ 投水自尽
  跳河 t·iɔ˥˩ ho˧˥

上吊 hz̩aŋ˥˩ tiɔ˥˩

衣骨 i˥˩ kuʔ˥ 尸骨

骨灰坛 kuʔ˥ xuei˥˩ hran˧˥

迷信

老天 lɔ˥˩ t·in˥˩

灶神 tsɔ˥˩ hz̩ən˧˥ 灶王爷
  灶公菩萨 tsɔ˥˩ kəŋ˥˩ hvu˧˥ səʔ˥ / tsɔ˥˩ kəŋ˥˩ u˧˥ səʔ˥

佛 fɤʔ˥

菩萨 hvu˧˥ səʔ˥

观音菩萨 kõ˥˩ in˥˩ hvu˧˥ səʔ˥
  娘娘菩萨 nian˧˥ nian· hvu˧˥ səʔ˥

土地庙 t·u˥˩ hɿi˥˩ miɔ˥˩

阎王 in˧˥ uan˧˥

祠堂 hz̩ɿ˧˥ hran˧˥

香案 ɕian˥˩ ŋan˥˩

上供 hz̩aŋ˥˩ kəŋ˥˩

烛台 tʂuʔ˥ hɣɛ˧˥

供烛 kəŋ˥˩ tʂuʔ˥ 敬神的蜡烛

香 ɕian˥˩

香炉 ɕian˥˩ lu˥˩ / ɕian˥˩ lɯ˧˥

烧香 ʂɔ˥˩ ɕian˥˩

抽签 tʂ·ɯ˥˩ tɕin˥˩

卜卦 p·ɤʔ˥ kua˥˩

庙会 miɔ˥˩ huei˥˩

念经 nin˥˩ tɕin˥˩

看风水 k·õ˥˩ fən˥˩ ʂuei˥˩

算命 sõ˥˩ min˥˩

算命先生 sõ˥˩ min˥˩ ɕian˥˩ sən·

瞎子算命 xəʔ˥ tsɿ˥˩ sõ˥˩ min˥˩

看相的 k·õ˥˩ ɕian˥˩ tɤʔ·

老太 lɔ˥˩ t·ɛ˥˩ 巫婆

叫吓 tɕiɔ˥˩ xɤʔ˥ 为受惊吓的小孩儿招魂

许愿 ʂu˥˩ yn˥˩

还愿 huan˧˥ yn˥˩

十六 日常生活

衣

穿衣裳 tʂ·õ˥˩ i˥˩ hz̩an·

脱衣裳 t·ɤʔ˥ i˥˩ hz̩an·

脱鞋子 t·ɤʔ˥ hɛ˧˥ tsɿ·

量衣裳 lian˥˩ i˥˩ hz̩an·

做衣裳 tsɔ˥˩ i˥˩ hz̩an·

贴边 t·iʔ˥ pin˥˩

滚边 kuən˥˩ pin˥˩ 在衣服、布鞋等的边缘特别缝制的一种圆棱的边儿

缲边 tɕ·iɔ˥˩ pin˥˩

上鞋子 hz̩an˥˩ hɛ˧˥ tsɿ·

纳鞋底 nəʔ˥ hɛ˧˥ ti˥˩

钉扣子 tin˥˩ k·ɯ˥˩ tsɿ·

绣花 ɕiu˥˩ xua˥˩

打补丁 taˇ puˊ tin· 　　　　　饭
做被窝 tsoˋ hveiˉ u· 　　　　吃晚饭 tʂʅʔˇ uanˇ hvanˋ
洗衣裳 ɕiˇ iˉ hzanˉ· 　　　　吃零嘴 tʂʅʔˇ linˇ tsei 吃零食
洗一水 ɕiˇ iˉ ʂuei 洗一次　　用筷子 zuənˋ k'ɤˋ tsʅ· 使筷
晒衣裳 sɛˇ iˉ hzanˉ· 　　　　　子
晾衣裳 lanˉ iˉ hzanˉ· 　　　咬不动 nˇɔ pɤˊ hrɤnˇ 嚼不动
烫衣裳 t'anˇ iˉ hzanˉ· 　　　吃噎个 tʂʅʔˇ iʔˇ kɤʔ· （吃饭）
　　　　　　　　　　　　　　　噎住了
　　　　食　　　　　　　　　打饱嗝 taˇ pɔˇ kei·
点火 tinˇ xoˉ 生火　　　　　撑死个 tsʻənˇ sʅˊ kɤʔ· 撑死了
做饭 tsoˋ hvanˋ 　　　　　　（喻吃得太饱）
淘米 hrɔˊ mi 　　　　　　　胀死个 tsanˋ sʅˊ kɤʔ·
发面 fəʔˇ minˋ 　　　　　　劈=淡 p'iʔˇ hranˋ 嘴没味儿
　做面 tsoˋ minˋ 　　　　　喝茶 xəʔˇ hzaˊ
和面 hoˉ minˋ 　　　　　　喝酒 xəʔˇ tɕiuˇ
揉面 zwˊ minˋ 　　　　　　吃烟 tʂʅʔˇ in 抽烟
擀面 kanˇ minˋ 　　　　　　拔烟 pəʔˇ in
蒸大馍 tʂənˇ hraˉ moˉ 蒸馒头　饿死个 ŋoˉ sʅˊ kɤʔ· 饿了
择菜 tsɤʔˇ ts'ɤˋ
做菜 tsoˋ ts'ɤˋ 　　　　　　　　　住
　烧菜 ʂɔˉ ts'ɤˋ 　　　　　　起床 tɕ'iˇ hzuanˊ
烧汤 ʂɔˉ t'anˉ 做汤　　　　洗手 ɕiˇ ʂɯˇ
饭菜好个了 hvanˋ ts'ɤˋ xɔˊ　洗脸 ɕiˇ linˇ
　kɤʔ· lɤʔ· 饭菜做好了　　漱嘴 ʂɯˋ tsei 漱口
生的 sənˋ tɤʔ· （饭）夹生　刷牙 ʂuəʔˇ ɲaˋ
开饭 k'ɛˉ hvanˋ 　　　　　　梳头 ʂɯˉ hrɯˊ
添饭 t'inˉ hvanˋ 盛饭　　　梳辫子 ʂɯˉ hvynˉ tsʅ·
吃饭 tʂʅʔˇ hvanˋ 　　　　　扎个巴巴鬏 tsəʔˇ kɤʔ· pa
搛菜 tɕinˉ ts'ɤˋ 　　　　　　paˇ tɕiu 梳髻
舀汤 iɔˇ t'anˉ 　　　　　　剪指甲 tɕinˇ tʂʅˇ kɤʔ·
吃早饭 tʂʅʔˇ tsɔˊ hvanˋ 　　掏耳道 t'ɔˋ ɹeˇ
吃中饭 tʂʅʔˇ tʂənˋ hvanˋ 吃午　洗澡 ɕiˇ tsɔˇ

洗身上 ɕi˩˥ ʂen˨˩˧ hz̩an˨˩˦
擦身子 tsʻəʔ˨˩˦ ʂən˨˩˧ tsɿ˨˩˦ 擦澡
小便 ɕio˩˥ pin˥
　撒尿 səʔ˨˩˦ sei˥
大便 hra˥ pin˥
　解手 kɛ˩˥ ʂu˩˥ / tɕie˩˥ ʂu˩˥
　屙屎 ŋo˥ ʂɿ˩˥
乘凉 hz̩ən˨ lian˨
晒太阳 ʂɛ˥ tʻa˥ ian˨˩˦
烘火 xən˥ xo˩˥ 烤火取暖
失火 ʂɿʔ˨˩˦ xo˩˥
点灯 tin˩˥ tən˥
吹灯 tʂʻuei˩˥ tən˥ 熄灯
　关灯 kuan˩˥ tən˥
歇下子 ɕiʔ˨˩˦ ha˨˩˦ tsɿ˨˩˦
春瞌睡 tʂʻən˩˥ kʻɤʔ˨˩˦ tʂʻne˥ 打盹儿
打啊哈 ta˩˥ a˥ ha˨˩˦ 打哈欠
瞌睡来个 kʻɤʔ˨˩˦ hz̩ei˨˩˦ lɛ˨ kɤʔ˨˩˦ 困了
铺床 pʻu˥ hz̩uan˨
歪个 uɛ˥ kɤʔ˨˩˦ 侧躺下
睡个了 hz̩ei˥ kɤʔ˨˩˦ lɤ˨˩˦ 睡着了
　歪着个了 uɛ˥ hz̩ʊʔ˨˩˦ kɤʔ˨˩˦ lɤ˨˩˦
　睡着个了 hz̩ei˥ hz̩ʊʔ˨˩˦ kɤʔ˨˩˦ lɤ˨˩˦
打呼 ta˩˥ xu˥
睡不实 hz̩ei˥ pɤʔ˨˩˦ hz̩ʊʔ˨˩˦ 睡不着
歪不实 uɛ˥ pɤʔ˨˩˦ hz̩ʊʔ˨˩˦
歪中觉 uɛ˥ tʂən˥ kɔ˥ 睡午觉
平个睡 hvyn˨ kɤʔ˨˩˦ hz̩ei˥ 仰面睡

仰个睡 nian˩˥ kɤʔ˨˩˦ hz̩ei˥
侧个睡 tsʻɤʔ˨˩˦ kɤʔ˨˩˦ hz̩ei˥ 侧着睡
侧个歪 tsʻɤʔ˨˩˦ kɤʔ˨˩˦ uɛ˥
趴个睡 pʻa˥ kɤʔ˨˩˦ hz̩ei˥ 趴着睡
趴个歪 pʻa˥ kɤʔ˨˩˦ uɛ˥
睡削个 hz̩ei˥ ɕyʔ˨˩˦ kɤʔ˨˩˦ 落枕
抽筋 tʂʻɯ˥ tɕin˥
做梦 tso˥ mən˥
讲梦话 kan˩˥ mən˥ hua˥
魇个 in˥ kɤʔ˨˩˦ 魇住了
熬夜 ŋɔ˨ i˥
开夜车 kʻɛ˥ i˥ tʂʻei˥

　　　　　行

做地去 tso˥ hri˥ tɕʻi˨˩˦ 去地里干活
上工 hz̩an˨˩˦ kən˥
收工 ʂɯ˥ kən˥
出去个 tʂʻuʔ˨˩˦ tɕʻi˥ kɤʔ˨˩˦ 出去了
家来个 ka˥ lɛ˨ kɤʔ˨˩˦ 回家了
家去个 ka˥ tɕʻi˥ kɤʔ˨˩˦ 回家去
逛街 kuan˥ kɛ˥
　上街 hz̩an˥ kɛ˥
散散步 san˥ san˨˩˦ pu˥ 散步
　走走 tsɯ˩˥ tsɯ˨˩˦
　逛逛 kuan˥ kuan˨˩˦

　　十七　讼事

告状 kɔ˥ tʂuan˥

原告 yn˧˩ kɔˇ
被告 pei˩ kɔˇ
状子 tʂuan˩ tsʅ·
坐堂 hzoˇ hɦan˧˩
退堂 t·ei˩ hɦan˧˩
问案子 uən˩ ŋan˩ tsʅ· 问案
过堂 koˇ hɦan˧˩
证人 tʂənˇ zənˋ
人证 zənˋ tʂənˇ
物证 uʔɿ tʂənˇ
对谎 teiˇ xuan˧˩ 对质
刑事 ɕin˧˩ hzʅ·
民事 min˧˩ hzʅ·
家里事 ka˩ li· hzʅ· 家务事（清官难断~）
律师 liʔɿ sʅ˩
服 hvɤʔɿ
不服 pɤʔɿ hvɤʔɿ
上告 ʂan˩ kɔˇ 上诉
判刑 p·õ˩ ɕin˧˩ 宣判
招 tʂɔ˩ 招认
口供 k·ɯ˩ kənˇ
供 kən˩ ~出同谋
同伙 t·ənˋ xo˩ 同谋
犯法 hvan˩ fəʔɿ
犯罪 hvan˩ hzeiˇ
黑讲 xəʔɿ kan˩ 诬告
连坐 lin˧˩ tsoˇ
保释 pɔˇ sʅʔɿ
抓起来 tʂua˩ tɕ·i˧˩ lɜ· 逮捕
　逮捕 tɛ˧˩ puˇ
清官老爷 tɕ·in˩ kõ˩ lɔˇ i˧˩ 青

天老爷
赃官 tsan˩ kõ˩
罚款 fəʔɿ k·õˇ
砍头 k·an˩ hɦɯ˧˩ 斩首
枪崩 tɕ·ian˩ pən˩ 枪毙
斩条 tsan˧˩ hɦiɔ˧˩ 插在死囚背后验明正身的木条
拷打 k·ɔ˧˩ taˇ
打屁股 taˇ p·i· kuˇ 旧时刑罚
手镣 ʂɯ˧˩ liɔˇ 手铐
脚镣 tɕiɔʔɿ liɔˇ
捆起来 k·uən˧˩ tɕ·i˧˩ lɜ· 绑起来
关起来 kuan˩ tɕ·i˧˩ lɜ· 囚禁起来
坐牢 hzoˇ lɔˋ
立字据 liʔɿ hzʅ· tʂuˇ
画押 xuaˇ iəʔɿ
捺手膈 naʔɿ ʂɯˋ loˋ 按手印
地租 hri˩ tsɯ˩
地契 hri˩ tɕ·i˩
交税 tɕiɔ˩ ʂueiˇ 纳税
执照 tʂʅʔɿ tʂɔˇ
告示 kɔˇ sʅ˩
通知 t·ə˩ tʂʅ˩
路条 lɯ˩ liɔ˧˩
命令 min˩ lin˩
大印 hra˩ inˇ 官方图章
私访 sʅ˩ fan˩
交代 tɕiɔ˩ hrɜˇ 把经手的事务移交给接替的人
上任 hzan˩ zənˇ
下任 ɕia˩ zənˇ 卸任

案卷 ŋaŋˇ tɕynˇ
传票 hzõ˧˩ p·iɔˇ

十八　交际

应酬 inˇ tʂɯˊ
来往 lɤˊ uanˊ
看人 k·õˇ zənˊ　去看望人
拜访 hvɤˇ fanˊ
客人 k·ɤʔ˩ zənˊ
请客 tɕinˇ k·ɤʔ˩
招待 tʂɔ˩ hɤˇ
男客 nõ˧˩ k·ɤʔ˩
女客 nyˇ k·ɤʔ˩
送礼 sən˥ liˇ
礼物 liˇ uʔ˩
人情 zənˊ hinˊ
作客 tsɤʔ˩ k·ɤʔ˩
待客 hɤˊ˧˩ k·ɤʔ˩
陪客 hvei˧˩ k·ɤʔ˩
送客 sən˥ k·ɤʔ˩
不送了 pɤʔ˩ sənˇ lɤʔ˩·　主人说的客气话
多谢 to˩ hiˇ / to˩ iˇ
别客气 pɛˊ k·ɤʔ˩ tɕiˇ
办酒 hvanˇ˧˩ tɕiuˇ　摆酒席
一桌酒 iʔ˩ tʂuʔ˩ tɕiuˇ
帖子 t·iʔ˩ tsɿ·
下帖子 hiaˇ t·iʔ˩ tsɿ·　下请帖
入座 z̩uʔ˩ tsoˇ　入席
端菜 tõ˩ ts·ɛˇ　上菜

倒酒 tɔˇ tɕiuˇ　斟酒
砑酒 ŋɤˇ tɕiuˇ　劝酒
干 kõˇ　干杯
划拳 hua˧˩ hynˊ
不和 pɤʔ˩ hoˊ
冤家 yn˩ ka˥
对头 teiˇ hɯˊ
不平 pɤʔ˩ hvynˊ　路见~
冤枉 yn˩ uan·
插嘴 tʂ·əʔ˩ tsei˥
摆架子 pɛˇ kaˇ tsɿ·
装孬 tʂuan˩˥ nɔ˩　装傻
出丑 tʂ·uʔ˩ tʂ·ɯˇ　出洋相
丢人 tiu˩ zənˊ
巴结 pa˩ tɕiʔ˩
和人 ho˧˩ zənˊ
唠人家 lɔˇ zənˊ ka˥　串门儿
套近乎 t·ɔˇ hinˇ xu·　拉近乎
看得起 k·õˇ tɤʔ·tɕiˇ
看不起 k·õˇ pɤʔ·tɕiˇ
搭伙 tɤʔ˩ xoˇ　合伙儿
答应 tɤʔ˩ inˇ
不答应 pɤʔ˩ tɤʔ˩ inˇ
撵出去 ninˊ tʂ·uʔ˩ tɕiˇ

十九　商业　交通

经商行业

字号 hzɿˇ xɤˇ
招牌 tʂɔ˩ hvɤˊ
广告 kuanˊ kɔˇ

开铺子 kʻɛ˩ pu˥ tsʅ˨

店面 tin˥ min˥ 铺面（商店的门面）

摆摊子 pɛ˨ tʻan˩ tsʅ˨

做生意 tso˥ sən˩ i˨

旅馆 ly˩ kõ˩ 旅店

饭馆 hvan˥ kõ˩

下馆子 hia˥ kõ˩ tsʅ˨

跑堂的 hvɔ˩ hran˩ tɤʔ˨ 堂倌儿

布店 pu˥ tin˥

百货店 pɤʔ˩ xo˥ tin˥

杂货店 hzɐʔ˩ xo˥ tin˥

油盐店 iu˩ in˩ tin˥

粮店 lian˩ tin˥

文具店 uən˩ tʂu˥ tin˥

茶馆 hza˩ kõ˩

剃头店 tʻi˥ hrɯ˩ tin˥ 理发店

剃头 tʻi˥ hrɯ˩ 理发

刮脸 kuaʔ˩ lin˩

刮胡子 kuəʔ˩ hu˩ tsʅ˨ / kuəʔ˩ u˩ tsʅ˨

肉摊子 zu˥ tʻan˩ tsʅ˨ 肉铺

杀猪 ʂəʔ˩ tʂu˩

油坊 iu˩ fan˩

当铺 taŋ˥ pʻu˥

租房子 tsɯ˩ hvan˩ tsʅ˨

当房子 taŋ˥ hvan˩ tsʅ˨ 典房子

煤炭 mei˩ tʻan˥ 煤球

煤季⁼ mei˩ tɕi˥ 蜂窝煤

经营、交易

开张 kʻɛ˩ tʂan˩ 开业

关门 kuan˩ mən˩ 停业

算账 sõ˥ tʂan˥ 盘点

柜台 kuei˥ hrɛ˩

讲价 kan˩ tɕia˥ 开价

还价 huan˩ tɕia˥

便宜 pʻin˩ i˩

巧 tɕʻiɔ˩

贵 kuei˥

公平 kəŋ˩ hvyn˩ 公道

生意好 sən˩ i˨ xɔ˩ 买卖好

生意孬 sən˩ i˨ nɔ˩ 买卖清淡

工钱 kəŋ˩ hin˨

本钱 pən˩ hin˨

保本 pɔ˩ pən˩

赚钱 tʂuan˥ hin˨

折本 hzəʔ˩ pən˩ 亏本

路费 lu˥ fei˥

利息 li˥ ɕiʔ˩

运气好 yn˥ tɕi˥ xɔ˩

差 tʂʻa˩ ①欠（~他三元钱）②差（~五角十元，即九元五角）

押金 ŋəʔ˩ tɕin˩

账目、度量衡

开支 kʻɛ˩ tʂʅ˩ 开销

收账 ʂɯ˩ tʂan˥ 记收入的账

出账 tʂʻuʔ˩ tʂan˥ 记付出的账

差账 tʂʻa˩ tʂan˥ 欠账

要账 iɔ˥ tʂan˥

烂账 lanˋ tʂanˋ 要不来的账
发票 fəʔ˧ p·ioˋ
收据 ʂɯˋ tʂuˋ
存钱 hzən˧ hin˧ 存款
整钱 tʂənˇ hin˧
小票子 ɕioˋ p·ioˋ tsʅ· 零钱
钱 hin˧ 钞票（纸币）
钱角子 hin˧ kɤʔ˧ tsʅ· 硬币
铜钱 hɹen˧ hin˧ 铜板儿
洋钱 ian˧ hin˧ 银元
一分钱 iʔ˧ fən˧ hin˧
一毛钱 iʔ˧ mɔ˧ hin˧ 一角钱
一块钱 iʔ˧ k·uɛˇ hin˧
十块钱 ʂʅ˧ k·uɛˇ hin˧
一百块钱 iʔ˧ pɤʔ˧ k·uɛˇ hin˧
一张钱 iʔ˧ tʂan˧ hin˧ 一张票子（钞票）
一个铜钱 iʔ˧ ko˧ hɹen˧ hin˧ 一个铜子儿
算磨 sõˋ moˇ 算盘
小铜秤 ɕioˇ hɹen˧ˇ tʂ·neˋ 戥子
秤 tʂ·enˋ
磅秤 panˋ tʂ·neˋ
秤盘子 tʂ·ənˋ hvõ˧ˇ tsʅ· 秤盘
秤花 tʂ·ənˋ xuaˋ 秤星儿
秤杆子 tʂ·neˋ kõ˧ tsʅ· 秤杆儿
秤钩子 tʂ·ənˋ kɯ tsʅ·
秤砣 tʂ·neˋ hɹo˧ 秤锤
秤索 tʂ·ənˋ sɤʔ˧ 秤毫
旺 uanˋ（称物时）秤尾高
平 hvyn˧（称物时）秤尾低

刮尺 kuəʔ˧ tʂ·ʅʔ˧ 刮板（平斗斛的木片）

交通

铁路 t·iʔ˧ lɯˋ
铁轨 t·iʔ˧ kuei˧
火车 xoˇ tʂ·eiˋ
火车站 xoˇ tʂ·eiˋ tʂanˋ
公路 kən˧ lɯˋ
汽车 tɕ·iˋ tʂ·eiˋ
客车 k·ɤʔ˧ tʂ·eiˋ
货车 xoˋ tʂ·eiˋ
公交车 kən˧ tɕioˇ tʂ·eiˋ 公共汽车
小包车 ɕioˇ pɔˇ tʂ·eiˋ 小轿车
摩托卡 mɤʔ˧ t·ɤʔ˧ k·aˋ 摩托车
三轮车 san˧ lən˧ tʂ·eiˋ 载人的
板车 panˇ tʂ·eiˋ 平板三轮车（拉货的）
脚踏车 tɕiəʔ˧ t·əʔ˧ tʂ·eiˋ 自行车
船 hzõ˧
帆 fan˧
篷 hvən˧
舵 hɹo˧
橹 lõ˧
桨 tɕian˧
船篙 hzõ˧ kɯ˧ 篙
跳 t·ioˋ 跳板（上下船用）
帆船 fan˧ hzõ˧
渔船 zu˧ hzõ˧
渡船 hrɯˋ hzõ˧
轮船 lən˧ hzõ˧

过渡 ko˥˧ hʐu˥ 过摆渡（坐船过河）
渡口 hʐu˥ kʰɯ˧˥

二十　文化教育

学校

学堂 hzuʔ˥ hɻan˨ 学校
念书 nin˥˧ ʂɿ˨ 上学（开始上小学）
上学 hzan˥˧ hzuʔ˥ 去学校上课
放学 fan˥˧ hzuʔ˥ 上完课回家
逃学 tʰɔ˨˩ hzuʔ˥
幼儿园 iu˥ ɻe˨ yn˨
托儿所 tʰɤʔ˥ ɻe˨ sɔ˨
私学 sɿ˧˥ hzuʔ˥ 私塾
学费 hzuʔ˥ fei˥
放假 fan˥ tɕia˧˥
暑假 ʂu˧˥ tɕia˧˥
寒假 xan˨ tɕia˧˥
请假 tɕʰin˧˥ tɕia˧˥

教室、文具

教室 tɕiɔ˥ sɿʔ˥
上课 hzan˥˧ kʰo˥
下课 hia˥˧ kʰo˥
讲台 tɕian˧˥ hɻɛ˨
黑板 xɤʔ˥ pan˧˥
粉笔 fən˧˥ piʔ˥
黑板擦子 xɤʔ˥ pan˧˥ tsʰəʔ˥ tsɿ·
板擦

点名册 tin˧˥ min˨ tsʰɤʔ˥
鞭子 pin˧ tsɿ·
笔记本 piʔ˥ tɕi˥ pən˧˥
课本 kʰo˥ pən˧˥
铅笔 tɕian˧ piʔ˥
擦子 tsʰəʔ˥ tsɿ· 橡皮
铰刀 tɕiɔ˧˥ tɔ˧ 铅笔刀（指旋着削的那种）
圆规 yn˨ kuei˧
三角板 san˧ kɤʔ˥ pan˧˥
作文本子 tsɤʔ˥ uən˨ pən˧˥ tsɿ·
大字本 hɻa˥˧ hzɿ˥ pən˧˥
水笔 ʂuei˧˥ piʔ˥ 钢笔
毛笔 mɔ˨ piʔ˥
笔套子 piʔ˥ tʰɔ˥ tsɿ· 笔帽（保护毛笔头的）
笔筒子 piʔ˥ hɻən˨ tsɿ· 笔筒
泥台 ni˨ hɻɛ˨ 砚台
磨墨 mo˨ mɤʔ˥ 研墨
墨盒子 mɤʔ˥ həʔ˥ tsɿ· 墨盒儿
黑墨水 xɤʔ˥ mɤʔ˥ ʂuei˧˥ 墨汁（毛笔用的）
揿笔 tan˧ piʔ˥ 揿笔
墨水 mɤʔ˥ ʂuei˧˥
书包 ʂu˧ pɔ˧

读书识字

念书人 nin˥˧ ʂɿ˨ zən˨ 读书人
认得字 zən˥ tɤʔ˥ hzɿ˥ 识字
不认得字 pɤʔ˥ zən˥ tɤʔ˥ hzɿ˥ 不识字
念书 nin˥˧ ʂɿ˨ 读书

看书 kʻo˥˩ ʂuɥ 温书
背书 pei˥˩ ʂuɥ
报考 pɔɥ kʻɔɥ
考场 kʻɔ˩˥ tʂʻan˩
进场 tɕin˥ tʂʻan˩ 入场（进考场）
考试 kʻɔ˩˥ ʂɿ˩
卷子 tɕyn˥˩ tsɿ· 考卷
满分 mõɥ fən˩
鹅蛋 ŋo˩˥ hran˥ 零分
头名 hrɯ˩ min˩
末名 məʔ˩ min˩
毕业 piʔ˩ iʔ˩
文凭 uən˩ pʻin˩

写字

大楷 hra˥˩ kʻɛ˩
小楷 ɕiɔ˩˥ kʻɛ˩
字帖 tsɿ˥˩ tʻiʔ˩
擦脱去 tsʻaʔ·tʻɤʔ·kʻei˩ 涂了
写白字 ɕi˩ hvɐʔ˩ hzɿ˥
斗笔老 tɯɥ piʔ˩ lɔ˩ 倒笔划
脱字 tʻɤʔ˩ hzɿ˥ 掉字
草稿 tsʻɔ˩˥ kʻɔ˩
起稿子 tɕʻi˩˥ kɔ˩ tsɿ·
一点 iʔ˩ tin˩
一横 iʔ˩ huən˩
一竖 iʔ˩ ʂuɥ
一撇 iʔ˩ pʻiʔ˩
一捺 iʔ˩ nən˩
一勾 iʔ˩ kɯɥ
一提 iʔ˩ tʻi˩ 一挑
一画 iʔ˩ hua˥

偏旁 pʻin˩ pʻan˩
单站人 tan˥ tʂan˩˥ zənˑ˩ 立人儿（亻）
双站人 ʂuan˥ tʂan˩˥ zənˑ˩ 双立人儿（彳）
弯弓张 uan˥ kən˩˥ tʂan˥
立早章 liʔ˩ tsʻɔ˥ tʂan˥
禾旁程 ho˩˥ pʻan˩ tʂʻənˑ˩
方框子 fan˥ kʻuan˥ tsɿ· 四框栏儿（囗）
宝盖头 pɔɥ kɜ˥ hrɯ˩ 宝盖儿（宀）
平宝盖 hvyn˩ pɔɥ kɜ˥ 秃宝盖儿（冖）
竖心旁 ʂuɥ ɕin˩ pʻan˩ 竖心旁（忄）
披毛旁 pʻiɥ mɔ˩ pʻan˩ 反犬旁（犭）
单耳道旁 tan˥ ɻeˑ hru·pʻan˩ 单耳刀儿（卩）
耳道旁 ɻeˑ hruˑ pʻan˩ 双耳刀儿（阝）
反文旁 fan˩˥ uən˩ pʻan˩ 反文旁（攵）
王字旁 uan˩˥ hzɿ· pʻan˩ 斜玉儿（王）
提土旁 tʻi˥ tʻuɥ pʻan˩ 提土旁（土）
竹字头 tʂuʔ˩ hzɿ· hrɯ˩ 竹字头（⺮）
火字旁 xoɥ hzɿ· pʻan˩
四点水 sɿ˥ tin˩ ʂuei˩ 四点底

(灬)
三点水 sanˋ tinˋ ʂueiˋ 三点水
(氵)
两点水 lianˋ tinˋ ʂueiˋ 两点水
(冫)
病字头 pinˋ hzʅ˙ hruˋ 病旁儿
(疒)
走丝旁 tsuˋ sʅˋ p·anˋ 走丝旁
(辶)
绞丝旁 tɕiɔˋ sʅˋ p·anˋ 绞丝旁
(纟)
提手旁 t·iˋ ʂuˋ p·anˋ 提手旁
(扌)
草字头 ts·ɔˋ hzʅ˙ hruˋ 草字头
(艹)

二十一 文体活动

游戏、玩具

风撑 fənˋ ts·ənˋ 风筝
躲猫猫子 toˋ mɔˋ mɔˋ tsʅ˙ 捉迷藏
踢毽子 t·iʔˋ tɕinˋ tsʅ˙
掷子 tʂʅʔˋ tsʅ˙ 抓子儿（用几个小沙包或石子儿，扔起其一，做规定动作后再接住）
弹子 hranˋ tsʅˋ 弹球儿
掷撒撒子 tʂʅʔˋ p·iʔˋ p·iʔˋ tsʅ˙ 打水飘儿
跳蛮蛮子 t·iɔˋ manˋ manˊ tsʅ˙ 跳房子

翻花 fanˋ xuaˋ 翻绳（两人轮换翻动手指头上的细绳，变出各种花样）
丢手绢 tiuˋ ʂuˋ tɕynˋ
老鹰抓小鸡 lɔˋ inˋ tʂuaˋ ɕiɔˋ tɕiˋ
划拳 huaˋ hynˋ
打谜子 taˋ meiˋ tsʅ˙ 出谜语
猜谜子 ts·ɜˋ meiˋ tsʅˋ 猜谜语
画儿子 huaˋ rɜˋ tsʅ˙ 画各种有人物、有故事的画，往墙上贴
不倒翁 pxˋ lɔˋ uənˋ
牌九 hveˋ tɕiuˋ
麻将 maˋ tɕianˋ
掷猴子 tʂʅʔˋ huˋ tsʅˋ 掷色子
干宝 kanˋ pɔˋ 压宝
炮竹 p·ɔˋ tʂuʔˋ 爆竹
放炮竹 fanˋ p·ɔˋ tʂuʔˋ 放鞭炮
天响地响 t·inˋ ɕianˋ hrˋ ɕianˋ 二踢脚
烟花 inˋ xuaˋ 烟火
放花炮 fanˋ xuaˋ p·ɔˋ

体育

象棋 ɕianˋ liiˋ
下棋 hiaˋ hiˋ / hiaˋ iˋ
老将 lɔˋ tɕianˋ
老帅 lɔˋ ʂuɜˋ
士 hzʅˋ
象 ɕianˋ
相 ɕianˋ
车 tʂuˋ

马 ma˩

炮 pʻɔˎ

兵 pin˩

卒 tsɤʔ˥

拱卒 kən˩ tsɤʔ˥

上士 hz̩an˥˩ / hz̩˥˩ / hz̩an˥˩ z̩˥ 士走上去

落士 lɤʔ˥ hz̩˥ / lɤʔ˥ z̩˥ 士走下来

飞象 fei˩ ɕian˥

落象 lɤʔ˥ ɕian˥

将军 tɕian˥˩ tɕyn˩

围棋 uei˩ hi˩

黑子 xɤʔ˥ tsɿ˩

白子 hvɤʔ˥ tsɿ˩

和棋 ho˩ hi˩

拽索 tʂuɛ˥ tsʻɤ˥ 拔河

划水 hua˩ ʂuei˩ 游泳

胖⁼水 pʻan˥˩ ʂuei˩ 仰泳

潜跟不老 tɕʻin˩ kən˩ pɤʔ˩ lɔ˩ 潜水

  潜闷谷老 tɕʻian˥˩ mən˥˩ kuʔ˥ lɔ˩

打球 ta˩˥ hiu˩

赛球 sɛ˥ hiu˩

乒乓球 pʻiɔ˥ pʻan˩ hiu˩

篮球 lan˩ hiu˩

排球 hvɤ˩ hiu˩

足球 tsɤʔ˥ hiu˩

羽毛球 zu˥ mɔ˩ hiu˩

跳远 tʻiɔ˥ yn˩

跳高 tʻiɔ˥ kɔ˩

武术、舞蹈

栽跟不老 tsɛ˩ kən˩ pɤʔ˥ lɔ˥ 翻跟头（翻一个跟头）

翻跟不老 fan˩ kən˩ pɤʔ˥ lɔ˥

搭跟不老 təʔ˥ kən˩ pɤʔ˥ lɔ˥ 连续翻好几个跟头

滚跟不老 kuən˩ kən˩ pɤʔ˥ lɔ˥

空心跟不老 kʻən˩ ɕin˩ kən˩ pɤʔ˥ lɔ˥ 前后空翻

倒挂 tɔ˥ kua˥ 倒立

舞狮子 u˩ sɿ˩ tsɿ˙

穿龙灯 tʂʻõ˩ lən˩ tən˩ 舞龙灯，龙灯分板龙、滚龙两种，大年初一到十五舞

踩跃灯 tsʻɛ˥ iəʔ˥ tən˩ 跑旱船

高脚子灯 kɔ˥ tɕiəʔ˥ tsɿ˙ tən˩ 高跷

对刀 tei˥ tɔ˩

舞刀 u˩ tɔ˩ 耍刀

对枪 tei˥ tɕian˩

舞枪 u˩ tɕʻian˩ 耍枪

玩火把子 uan˩˥ xo˩˥ pa˥ tsɿ˙ 耍流星

跳秧歌 tʻiɔ˥ ian˩ ko˩ 扭秧歌

打腰鼓 ta˩˥ iɔ˥ ku˩

跳舞 tʻiɔ˥ u˩

戏剧

木偶戏 mɤʔ˥ ŋmu˩ ɕi˥

木里戏 mɤʔ˥ li˙ ɕi˥ 皮影戏

大戏 hra˥˩ ɕi˩ 大型戏曲，角色多，乐器多，演唱内容复杂
京剧 tɕin˩ tʂu˩
话剧 hua˥˩ tʂu˩
戏院子 ɕi˩ yn˥˩ tsʅ·
戏台 ɕi˩ hrɛ˧
戏子 ɕi˩ tsʅ˩ 演员
玩手法 uan˧ ʂɯ˧ fəʔ˥ 变戏法（魔术）
说大书 ʂuʔ˥ hra˥˩ ʂu˩ 说书
花脸 xua˧ lin˧
小丑 ɕiɔ˧˩ tʂɯ˧
老生 lɔ˧˩ sən˧
小生 ɕiɔ˧˩ sən˧
武生 u˧˩ sən˧
刀马旦 tɔ˧ ma˧˩ hran˧
老旦 lɔ˧˩ hran˧
青衣 tɕin˧ i˧
花旦 xua˧ hran˧
小旦 ɕiɔ˧˩ hran˧
跑堂的 hvɔ˧˩ hran˧˥ tɤʔ· 跑龙套的

二十二 动作

一般动作

站 tʂan˧
靠 kʰɔ˧
蹲 tən˧
趴 pʰa·
掼 huan˧ 跌倒

爬起来 hva˧ tɕi˧ lɛ·
摇头 iɔ˧ hrɯ˧
点头 tin˧ hrɯ˧
抬头 hrɜ˧ hrɯ˧
低头 ti˧ hrɯ˧
回头 huei˧ hrɯ˧
脸转过去 lin˧ tʂõ˧ kɔ˧ tɕi·
睁眼睛 tsən˧ ŋan˧ tɕin·
瞪眼睛 tən˧ ŋan˧ tɕin·
闭眼睛 pi˧ ŋan˧ tɕin·
挤眼睛 tɕi˧ ŋan˧ tɕin·
眨眼睛 tʂəʔ˥ ŋan˧ tɕin·
遇到个 ʐu˧ tɔ˧ kɤʔ· 遇见
看 kʰõ˧
眼睛子乱转 ŋan˧ tɕin· tsʅ· lõ˧ tʂõ˧
淌眼泪水 tʰan˧˩ ŋan˧ lei· ʂuei˧ 流眼泪
张嘴 tʂan˧ tsei˧
嘴巴抿个 tsei˧ pa· min˧ kɤʔ· 抿着嘴
嘴巴歪下子 tsei˧ pa· uɛ˧ ha˧ tsʅ· 努嘴
嘴巴翘个 tsei˧ pa· tɕiɔ˧ kɤʔ· 撅嘴
举手 tʂu˧˩ ʂɯ˧
摆手 pɛ˧˩ ʂɯ˧
撒手 səʔ˥ ʂɯ˧
伸手 ʂən˧ ʂɯ˧
动手 hrən˧ ʂɯ˧
拍手 pʰaʔ˥ ʂɯ˧
手背个 ʂɯ˧ pei˧ kɤʔ· 背着手儿

胳子搂个 kəʔ˥ tsʅ˧˩ lɯ˨ kɤʔ˧˩ 叉着手儿（两手交叉在胸前）
胳子插个 kəʔ˥ tsʅ˧˩ tʂʰʅ˥ kɤʔ˧˩ 笼着手（双手交叉伸到袖筒里）
拨下子 pɤʔ˥ ha˨ tsʅ˧˩ 拨拉
捂住 u˨ tʂu˧˩
摸摸 mo˨ mo˧˩
托 tʰɤʔ˥
颠屎 tin˨ ʂʅ˨ 把屎
颠尿 tin˨ sei˨ 把尿
扶个 hvu˦ kɤʔ˧˩ 扶着
弹指拇头子 hran˦ tsʅ˥ mɤʔ˧˩ hrɯ˦ tsʅ˧˩ 弹指头
握拳 uʔ˥ hyn˨ 攥起拳头
踩脚 to˨ tɕiɔ˥
脚跕个 tɕiɔʔ˥ tin˨ kɤʔ˧˩ 跕脚
跷二郎腿 tɕʰiɔ˥ ɚ˨ lan˨ tʰei˨
腿弓个 tʰei˨ kən˨ kɤʔ˧˩ 蜷腿
抖腿 tɯ˨ tʰei˨
踢腿 tʰiʔ˥ tʰei˨
弯腰 uan˨ iɔ˨
伸懒腰 tʂʰən˨ lan˨ iɔ˨ 伸腰
撑腰 tsʰʻən˨ iɔ˨ 支持
翘屁股 tɕʰiɔ˨ pʰi˨ ku˨ 撅屁股
捶背 hzuei˦ pei˨
擤鼻滴 hən˦ hvyʔ˥ tʰiʔ˥ 擤鼻涕
吸鼻滴 ɕiʔ˥ hvyʔ˥ tiʔ˥ 吸溜鼻涕
打喷嚏 ta˨ pʰən˥ tʰi˨
闻 uən˨
嫌 ɕin˨ 嫌弃
哭 kʰuʔ˥

甩 ʂuɛ˨ 扔（把没用东西~了）
丢 tiu˨
说 ʂuʔ˥
讲 kan˨
咬 ŋɔ˨
吸 ɕiʔ˥
拔嘴 pəʔ˥ tsei˨ 接吻
跑 hvɔ˨
走 tsɯ˨
跳 tʰiɔ˨
奔 pən˨ 跨
逃 hrɔ˨ 抓住他，别让他~走！
捉 tʂuʔ˥ ~鱼
逮 tɛ˨ ~人，~鱼
搁 kɤʔ˥ 放（~在桌上）
掺 tʂʰan˨ 酒里~水
兑 tei˨
选 ɕyn˨ 选择
拣 kan˨
提 hri˨ 提起（东西）
拎 lin˨
捡 tɕin˨ ①捡拾 ②收拾
擦 tsʰəʔ˥
抱 hvɔ˨ ~小孩儿
拿 la˨ ①用手拿 ②用手掏
掐 kʰəʔ˥
丢得个 tiu˨ tɤʔ˥ kɤʔ˧˩ 丢失
脱得个 tʰɤʔ˥ tɤʔ˥ kɤʔ˧˩
丢 tiu˨ 遗失
找到个 tʂɔ˨ tɔ˨ kɤʔ˧˩ 找着了
收 ʂɯ˨ （把东西）藏（起来）
躲 to˨ （人）藏（起来）

码起来 maˇ tɕˑiˊ ləˋ
锯 tʂuˇ ~木头
砍 kʻanˇ ~树
斫 tɤʔ˥ ~柴
烧 ʂoˇ ˊ煮（鸡蛋）
雨˭ zuˇ 脱（帽）：把帽子~下来
系 tɕiˇ ~鞋带
剪 tɕinˇ ~布

心理活动

晓得 ɕioˇ tɤʔ˥ 知道
不晓得 pɤʔ˥ ɕioˇ tɤʔ˥ 不知道
懂 təŋˇ
　晓得 ɕioˇ tɤʔ˥
会 hueiˇ
认得 zənˇ tɤʔ˥
不认得 pɤʔ˥ zənˇ tɤʔ˥
　认不得 zənˇ pɤʔ˥ tɤʔ˥
识字 hzʅʔ˥ hzʅˇ
想（下子）ɕianˇ（haˇ tsʅˊ）想想
估计 kuˇ tɕiˊ 估量
想点子 ɕianˇ tinˇ tsʅˊ
猜 tsʻɚˇ
肯定 kʻənˇ tinˇ 料定
做个主 tsoˇ kɤʔ˥ tʂuˇ 主张
信 ɕinˇ 相信
怀疑 huɛˇ iˇ
留意（下子）liuˇ iˇ（haˇ tsʅˊ）
怕 pʻaˇ 害怕
吓（死个）xɤʔ˥（sʅˇ kɤʔ˥）

吓个了 xɤʔ˥ kɤʔ˥ lɤʔ˥ 吓着了
急（死个）tɕiʔ˥（sʅˇ kɤʔ˥）着急
想 ɕianˇ 挂念
放心 fanˇ ɕinˇ
盼 pʻanˇ 盼望
巴不得 paˇ pɤʔ˥ tɤʔ˥
记个 tɕiˇ kɤʔ˥ 记着（不要忘）
忘失个 uanˇ ʂʅʔ˥ kɤʔ˥ 忘记了
想起来个 ɕianˇ tɕʻiˇ ləˇ kɤʔ˥
　想起来了
眼红 inˇ hənˇ
厌 inˇ 讨厌
恨 hənˇ
羡慕 ɕinˇ moˇ
偏心 pʻinˇ ɕinˇ
忌妒 tɕiˇ tuˇ
怄气 ŋɯˇ tɕiˇ
怨 ynˇ 抱怨
憋气 piʔ˥ tɕiˇ
生气 sənˇ tɕiˇ
喜欢 ɕiˇ xõˊ
　欢喜 xõˇ ɕiˊ
谢谢 ɕiˇ ɕiˇ 感谢
惯 kuanˇ 娇惯，宠爱
让（下子）zanˇ（haˇ tsʅˊ）迁就

语言动作

讲话 kanˇ huaˇ 说话
聒蛋 kuəʔ˥ hranˇ 聊天
搭石˭ təʔ˥ hzʅʔ˥ 搭茬儿

不吱声 pɤʔ˧ tsʅ˩˥ ʂən˩ 不做声
屁⁼ pʻi˥ 骗（我~你玩的，不是真的）
告诉 kɔ˥ su˥
（跟你）讲（kən˩ ni˥）kan˥
抬杠 hɻɛ˩˧ kan˥
死⁼嘴 sʅ˩˥ tsei˩ 顶嘴
吵嘴 tʂʻɔ˩˥ tsei˩ 吵架
打架 ta˩ tɕia˥
打 ta˩ ~得很疼
骂 ma˥
嘁 tɕyʔ˧ 咒骂
讨骂 tʻɔ˩ ma˥ 挨骂
再三讲 tsɛ˥ san˩ kan˩ 嘱咐
到他讲 tɔ˥ tʻa˩ kan˩ 挨说
啰嗦 lo˩ so˩ 唠叨
喊 xan˩ ~他来
叫 tɕiɔ˥

二十三 位置

上面 hz̩an˥ min˩
底下 ti˩ ha˩ 下面
地下 hɻi˥ ha˩
天上 tʻin˩ hz̩an˩
山上 ʂan˩ hz̩an˩
路上 lu˥ hz̩an˩ / lɯ˥ hz̩an˩
街上 kɛ˩ hz̩an˩
墙上 hian˩˧ hz̩an˩
门上 mən˩˧ hz̩an˩
桌子高里 tʂuʔ˧ tsʅ˩ kɔ˥ li˩ 桌上
椅子高里 i˩ tsʅ˩ kɔ˥ li˩ 椅子上
边上 pin˩ hz̩an˩
里合 li˩ xəʔ˧ 里面
外面 uɜ˥ min˩
外头 uɜ˥ hɯ˩
手高里 ʂɯ˩ kɔ˥ li˩ 手里
心里 ɕin˩ li˩
大门口 hɻa˥ mən˥ kʻɯ˩ 大门外
门外里 mən˩˧ uɜ˥ li˩ 门外
墙外里 hian˩˧ uɜ˥ li˩ 墙外
窗子外里 tʂʻuan˩ tsʅ˩ uɜ˥ li˩ 窗外
车子高里 tʂʻei˩ tsʅ˩ kɔ˥ li˩ 车上
车子外里 tʂʻei˩ tsʅ˩ uɜ˥ li˩ 车外
车前里 tʂʻei˩ hin˩˧ li˩ 车前
车后里 tʂʻei˩ hɯ˥ li˩ 车后
前里 hin˩˧ li˩ 前边
后里 hɯ˥ li˩ 后边
末末了 məʔ˧ məʔ˧ liɔ˥ 最后边
山前 ʂan˩ hin˩
山后面 ʂan˩ hɯ˥ min˩ 山后
屋后里 uʔ˧ hɯ˥ li˩ 房后
背后 pei˥ hɯ˥
身体后面 ʂən˩ tʻi˩ hɯ˥ min˩
以前 i˩˥ hin˩
以后 i˩ hɯ˥
以上 i˩ hz̩an˥
以下 i˩ ha˥

后来 huɯˋ lɤˊ 指过去某事之后
以后 iˋ huɯˋ 从今以后（将来）
之后 tʂʅˋ huɯˋ
东 tənˋ
西 çiˋ
南 nõˊ
北 pɤʔˊ
东南 tənˋ nõˊ
东北 tənˋ pɤʔˊ
西南 çiˋ nõˊ
西北 çiˋ pɤʔˊ
路边下 luɯˋ pinˋ ha· 路边儿
当中央 tanˋ tʂeŋˋ ianˋ 当间儿
床底下 hzuanˊ ti· ha·
楼底下 luɯˊ ti· ha·
脚底下 tçiəʔˊ ti· ha·
碗底 õˊ ti·
锅底下 koˋ ti· ha·
缸底下 kanˋ ti· ha·
边下 pinˋ ha· 旁边，附近
　旁下 hvanˊ ha·
前里 hinˊ˪ li· 跟前儿
哪（斯）块场子 la˪（sʅ·）
　k'ue· tʂanˋ tsʅˋ ɜu· 什么地方
左手边 tsoˋ ʂɯˊ pinˋ 左边
右手边 iuˋ ʂɯˊ pinˋ 右边
朝里走 hzoˊ li˪ tsɯˋ
望里走 uanˋ li˪ tsɯˋ
朝外走 hzoˊ uɤˋ tsɯˋ
望外走 uanˋ uɤˋ tsɯˋ
朝东走 hzoˊ tənˋ tsɯˋ
望东走 uanˋ tənˋ tsɯˋ

朝西走 hzoˊ çiˋ tsɯˋ
望西走 uanˋ çiˋ tsɯˋ
朝回走 hzoˊ hueiˊ tsɯˋ
望回走 uanˋ hueiˊ tsɯˋ
朝前走 hzoˊ hinˊ tsɯˋ
望前走 uanˋ hinˊ tsɯˋ
⋯以东 i˪ tənˋ
⋯以西 i˪ çiˋ
⋯以南 i˪ nõˊ
⋯以北 i˪ pɤʔˊ
里合 liˋ xəʔˊ ⋯以内
一向来 iʔˊ çianˋ lɤˊ ⋯以来
⋯之后 tʂʅˋ huɯˋ
⋯之前 tʂʅˋ hinˊ
⋯之外 tʂʅˋ uɤˋ
⋯之内 tʂʅˋ nei
⋯之间 tʂʅˋ tçinˋ
⋯之上 tʂʅˋ hzanˋ
⋯之下 tʂʅˋ haˋ

二十四　代词等

我 noˊ
你 niˋ
他 t'aˋ
我们 ŋoˊ mən·
　我的 ŋoˊ tɤʔ·
你们 niˋ mən·
　你的 niˋ tɤʔ·
他们 t'aˋ mən·
　他的 t'aˋ tɤʔ·

我的 ŋo˧ tɤʔ˙
人家 zən˧ ka˙
大伙人 hra˧ xo˧ zən˧ 大家
哪个 la˧ kɤʔ˙ 谁
个个 kɤʔ˧ kɤʔ˙ 这个
　□个 kei˧ kɤʔ˙
那个 la˥ kɤʔ˙
　□个 kei˥ kɤʔ˙
　个个 kɤʔ˥ kɤʔ˙
哪个 la˧ kɤʔ˙
个些 kɤʔ˧ ɕi˙ 这些
那些 la˥ ɕi˙ / na˥ ɕi˙
哪些 la˧ ɕi˙
个里 kɤʔ˧ li˙ 这里
　个斯块 kɤʔ˧ sʅ˙ kʰuɛ˙
　个个场子 kɤʔ˧ kɤʔ˙ tʂan˙ tsʅ˙
个里 ko˥ li˙ 那里
　□里 kei˥ li˙
　□斯块 kei˥ sʅ˙ kʰuɛ˙
哪块 la˧ kʰuɛ˙ 哪里
　哪斯块 la˧ sʅ˙ kʰuɛ˙ / nõ˥ sʅ˙ kʰuɛ˙
个么 kɤʔ˧ mɤʔ˙ 这么（高）
个（个）样（子）kɤʔ˧（kɤʔ˙）ian˥（tsʅ˙）这么（做）
那样子 la˥ ian˥ tsʅ˙ ①那么（高）②那么（做）
□样子 kei˥ ian˥ tsʅ˙
怎么（搞）tsən˧ mɤʔ˙（ko˥）
　炉（搞）lu˧（ko˥）
何呢（搞）ho˧ ni˙（ko˥）

怎搞的 tsən˧ ko˥ tɤʔ˙ 为什么
什么 hzən˧ mɤʔ˙
多少 to˧ ʂo˥
多 to˧ 多（久、高、大、厚、重、长）
我两个 ŋo˧ lian˧ kɤʔ˙ 我们俩
你两个 ni˧ lian˧ kɤʔ˙ 你们俩
他两个 tʰa˧ lian˧ kɤʔ˙ 他们俩
夫妻伙子 fu˧ tɕʰi˧ xo˧ tsʅ˙ 夫妻俩
娘儿两个 nian˧ ər˧ lian˧ kɤʔ˙
父子两个 fu˥ tsʅ˧ lian˧ kɤʔ˙
爷孙两个 i˧ sən˧ lian˧ kɤʔ˙
姑嫂两个 ku˧ so˥ lian˧ kɤʔ˙
婆媳两个 pʰu˧ ɕiʔ˧ lian˧ kɤʔ˙
兄弟两个 ʂuən˧ hri˥ lian˧ kɤʔ˙
姐妹两个 tɕi˧ mei˥ lian˧ kɤʔ˙
兄妹两个 ʂuən˧ mei˥ lian˧ kɤʔ˙
姐弟两个 tɕi˧ hri˥ lian˧ kɤʔ˙
娘舅外甥 nian˧ hiu˥ uɛ˥ sən˧ 舅甥俩
姑侄两个 ku˧ tʂʅʔ˧ lian˧ kɤʔ˙
叔侄两个 ʂuʔ˧ tʂʅʔ˧ lian˧ kɤʔ˙
师徒两个 sʅ˧ hru˧ lian˧ kɤʔ˙
哪几个 la˧ tɕi˧ kɤʔ˙ 谁们
人家 zən˧ ka˙ 人们
姑嫂几个 ku˧ so˥ tɕi˧ kɤʔ˙
师徒几个 sʅ˧ hru˧ tɕi˧ kɤʔ˙

二十五　形容词

好 xɔ˧˩ 这个比那个~些
来事 lɛ˧˩ hzʅ˧˩ 好
不错 pɤʔ˥ tsʻo˥
　不赖 pɤʔ˥ lɛ˥
　没事得 mɤʔ˥ hzʅ˧˩ tɤʔ˥
差不多 tʂʻa˧˩ pɤʔ˥ to˧˩
不怎么样 pɤʔ˥ tsən˧˩ mɤʔ˥ ian˧˩
不中 pɤʔ˥ tʂən˧˩ 不顶事
坏 huɛ˥
次 tsʅ˥ 人头儿很~｜东西很~
中 tʂən˧˩ 凑合
　行 ɕin˧˩
美 mei˧˩
　干＝事 tɕin˧˩ hzʅ˧˩
　来事 lɛ˧˩ hzʅ˧˩
难看 nan˧˩ kʻõ˥
　丑 tʂʻɯ˧˩
要紧 iɔ˥ tɕin˧˩
热闹 zə˥ tsʻɔ˥
　轰得唠 xan˧˩ tɤʔ˥ lɔ˧˩
铁牛 tʻi˥ lɔ˧˩ 坚固
硬 ŋəŋ˥
软 zõ˧˩
干净 kõ˧˩ hin˧˩
糟 tsɔ˧˩ 脏
咸 han˧˩
　齁 xɯ˧˩
淡 hran˧˩

香 ɕian˧˩
臭 tʂʻɯ˥
酸 sõ˧˩
甜 hɽin˧˩
苦 kʻu˧˩
辣 ləʔ˥
稀 ɕi˧˩ 粥太~了
厚 hɯ˥ 稠：粥太~了
稀 ɕi˧˩ 不密
满 mõ˧˩ 密
肥 hvei˧˩ 指动物：鸡很~；也可以指人
瘦 sɯ˥
快 kʻuɛ˥（速度）快
□ sɔ˥ 走~一些，跑~一些
慢 man˥（速度）慢
快 kʻuɛ˥ 锋利
　掸＝ tan˧˩
不快 pɤʔ˥ kʻuɛ˥ 钝，不锋利
破 pʻo˥（东西）破
痒 ian˧˩
痛 tʻən˥
　疼 hran˧˩
饿 ŋɔ˥
累 lei˧˩
懒王 lan˧˩ uan˧˩ 懒惰
快活 kʻuɛ˥ u˧˩ 舒服
不快活 pɤʔ˥ kʻuɛ˥ u˧˩ 难受
丑死个 tʂʻɯ˧˩ sʅ˧˩ kɤʔ˥ 腼腆
乖 kuɛ˧˩ 小孩儿真~
　听话 tʻin˧˩ hua˥
皮 hvy˧˩

不错 pɤʔ˩ ts·o˥ 真行
不中 pɤʔ˩ tʂəŋ˩ 不行
坏 huɛ˥ 缺德
精明 tɕin˨ min˧ 机灵
活 huəʔ˩ 灵巧
脑子不好 nɔ˨ tsʅ·˩ pɤʔ˩ xɔ˥ 糊涂
轴得很 tʂɯ˨ tɤʔ·˩ xən˥ 死心眼儿
犟得很 tɕian˨ tɤʔ·˩ xən˥
现世包 ɕin˥ ʂʅ˥ pɔ˨ 无用的人
没种 mei˧ tʂəŋ˨ 孬种
啬得很 sei˥ tɤʔ·˩ xən˥ 吝啬鬼
小气 ɕiɔ˥ tɕ·i˥
大方 hɑ˥˨ fan˨
整 tʂəŋ˨
浑 huən˧ ~身是汗
满 mõ˨
凸 t·ɤʔ˩
洼 ua˥ 凹
滚烫 kuən˨ t·an˥ （东西）热, 烫
热 zəʔ˩
烧 ʂɔ˨
冰冻 pin˨ tən˥ （东西）凉
冷 lən˨
暖和 nõ˨ ho·˩
凉快 lian˧˨ k·uɜ·˩
活络 huəʔ˩ lɤʔ˩ 活动的、不稳固
正宗 tʂəŋ˥ tsəŋ˨ 地道：~四川风味
整齐 tʂəŋ˨˥ hi˧

一扎齐 iʔ˩ tsəʔ˩ hi˧
称心 tʂəŋ˥˧ ɕin˨
晏 ŋan˥ 晚：来~了
多 to˨
少 ʂɔ˥
大 hɑ˥
小 ɕiɔ˥
长 hzan˧
短 tõ˨
宽 k·õ˨
窄 tsɤʔ˩
厚 hɯ˥
枵 ɕiɔ˨ 薄
深 ʂən˨
浅 hin˨
高 kɔ˨
低 ti˨
矮 ŋɜ˨
干 kõ˨
湿 ʂʅʔ˩
正 tʂəŋ˥
歪 uɛ˨ 斜, 不直（线画~了）
箮 tʂ·ei˨ 歪, 不正（帽子戴~了）
斜 hi˧
红 hən˧
朱红 tʂu˨ hən˧
粉红 fən˨˥ hən˧
深红 ʂən˨ hən˧
浅红 hin˨˥ hən˧
蓝 lan˧
深蓝 ʂən˨ lan˧
浅蓝 hin˨˥ lan˧

天蓝 tˑinˌ lanˊ
绿 lɤʔ˥
草绿 tsˑɔˌ lɤʔ˥
浅绿 hinˌˎ lɤʔ˥
白 hvɤʔ˥
灰白 xueiˌ hvɤʔ˥
苍白 tsˑanˌ hvɤʔ˥
漂白 pˑiɔˌ hvɤʔ˥
灰 xueiˌ
深灰 ʂənˌ xueiˌ
浅灰 hinˌˎ xueiˌ
银灰 inˌ xueiˌ
黄 huanˊ
深黄 ʂənˌ huanˊ
淡黄 hɻanˋ huanˊ 浅黄
青 tɕinˌ
鸭蛋青 ŋɤʔ˥ tanˋ tɕˑinˌ
紫 tsɿˌ
古铜 kuˌ hɻənˊ 古铜色
黑 xɤʔ˥

二十六 副词 介词

刚 kanˌ 刚刚
　才 hʒɤˊ
正好 tʂənˋ xɔˋ 刚好
正 tʂənˋ 刚：不大不小，~合适
碰巧 pˑənˋ tɕˑiɔˋ
　凑巧 tsˑɯˋ tɕˑiɔˋ
光 kuanˌ 净：~吃米，不吃面
有滴个 iuˋ tiʔ˥ kɤʔ˦ 有点儿

怕 pˑaˋ 也许，恐怕
估计 kuˌ tɕiˋ
　有可能 iuˋˎ kˑɔˋ nənˊ
差一滴滴 tʂˑaˌ iʔ˥ tiʔ˥ tiʔ˥ 差点儿
　差一丢丢 tʂˑaˌ iʔ˥ tiuˋˎ tiuˋˎ
非…不 feiˌ…pɤʔ˥
马上 maˌ hʒanˌˎ
趁早 tʂˑənˋ tsɔˋ
　早滴个 tsɔˋ tiʔ˥ kɤʔ˦
随你什么时候 hzeiˊ niˌ hzənˊ mɤʔ˥ ʂɿ˥ hɯˊ 随时
多亏 tɔˋˎ kˑueiˌ
当面 tanˌ minˋ
背后 peiˋ hɯˊ
一阵 iʔ˥ hzənˋ 一块儿
一个人 iʔ˥ kɤʔ˥ zənˊ 自己：他~去
顺便 ʂuenˋ pinˋ
故意 kuˋ iˋ
到底 tɔˋ tiˋ
根本 kənˌ pənˋ
真 tʂənˌ 实在
快 kˑuɐˋ 接近：~四十岁了
一起 iʔ˥ tɕiˋ 一共：~十个人
不要 pɤʔ˥ iɔˋ
　别 peˊ
白 hvɤʔ˥ ①不要钱：~吃 ②空：~跑一趟
□要 fɤˊ iɔˊ 偏：我~去
　□ fɤˊ
瞎 xɤʔ˥ 胡：~搞；~说

先 ɕin˨ ①首先：你~走 ②起先：
　他~不晓得
另外 lin˨ uɤ˨
给 kei˨ 被
把 pa˨ ~门关上
把 pəʔ˧ 给：讲~你听
对 tei˨ ①你~他好，他就~你好
　②对着
到 tɔ˨ ①~哪去？②~哪天为止？
　③扔~水里
在 hzɤ˨ ~哪住家？
辣⁼ ləʔ˧ 在，正在：~吃饭
从 hzən˧ / tsʻən˧ ~哪走？
从 hzən˧ 自从
照 tʂɔ˨ 按照
照 tʂɔ˨ 依照
　依 i˨
用 ʐuaŋ˨
照个 tʂɔ˨ kɤʔ·˧ 顺着，沿着
　沿个 in˧ kɤʔ·˧
朝 hzɔ˧ ~后头看下子
替 tʻi˨
　帮 pan˨
　代 tɛ˨
给 kei˨ ~大家办事
给我 kei˨ ŋo˨ 虚用，加重语气：
　你~走吧！
跟 kən˨ ①和 ②向：~他打听一
　下子 ③问：~他借一本书
把…叫 pa˨…tɕiɔ˨ 管…叫
拿…当 la˧…tan˨
从小 tsʻən˧ ɕiɔ˨

朝外 hzɔ˧ uɤ˨ 望外：老王钱多，
　不~拿
要 iɔ˨ 如果：~下雨，我就不去

二十七　量词

把 pa˨ 一~椅子、一~米、一~韭
　菜
个 kɤʔ˧ / ko˨ 一~人、一~奖章、
　一~铺子、一~飞机、一~屋子
　一~房子、一~事情、一~客人
　一~门、一~灯、一~花瓣、一~
　地方、一~火车、一~台子
本 pən˨ 一~书
笔 piʔ˧ 一~款
匹 pʻi˨ 一~马
头 hɯ˧ 一~牛、一~猪
封 fən˨ 一~信
剂 tɕi˨ 一~药
帖 tʻiʔ˧ 一~药
条 hɕiɔ˧ 一~河、一~毛巾
顶 tin˨ 一~帽子
桩 tʂuan˨ 一~事
朵 to˨ 一~花
餐 tsʻan˨ 一~饭
辆 lian˨ 一~车
子 tsɿ˨ 一~香、一~线、一~头
　发
枝 tʂɿ˨ 一~花
只 tʂɿʔ˧ 一~手、一~牛
张 tʂan˨ 一~桌子、一~纸、一~

第五章　安徽芜湖六郎方言分类词汇

旗
桌 tʂuʔ˧ 一~酒席
台子 hɻɛ˧˩ tsʅ· 一~酒席
次 ts·ʅ˥ 一~雨
出 tʂ·uʔ˧ 一~戏
床 hʐuan˧ 一~被子
身 ʂən˧ 一~棉衣
支 tʂʅ˥ 一~枪、一~笔
根 kən˧ 一~头发
棵 k·o˧ 一~树
粒 liʔ˧ 一~米
块 k·uɛ˥ 一~砖、一~肉
口 k·ɯ˧ 一~饭
件 hin˥ 一~衣裳
排 hvɛ˧ 一~字、一~桌子
篇 p·in˧ 一~文章
段 tõ˥ 一~文章
片 p·in˥ 一~好心
层 hzən˧ 一~纸
股 ku˧ 一~香味
座 tso˥ / hzo˥ 一~桥、一~佛像
盘 p·õ˧ / hvõ˧ 一~棋
门 mən˧ 一~亲事
刀 tɔ˧ 一~纸
沓 təʔ˧ 一~纸
缸 kaɯ˧ 一~水、一~金鱼
碗 õ˧ 一~饭
杯 pei˧ 一~茶
包 pɔ˧ 一~花生
卷 tɕyn˧ 一~纸
捆 k·uən˧ 一~行李、一~柴
担 tan˥ 一~米、一~水

挂 kua˥ 一~鞭炮、一~葡萄
句 tʂu˥ 一~话
双 ʂuan˧ 一~鞋
对 tei˥ 一~花瓶
副 fu˥ 一~眼镜
套 t·ɔ˥ 一~书
种 tʂŋ˧ 一~虫子
帮 pan˧ 一~人
批 p·i˧ 一~货
窝 uo˧ 一~蜂
串 tʂõ˥ 一~葡萄
牙 ŋa˧ 一~橘子、一~西瓜、一~蒜子
幅 fɤʔ˧ 一~画儿
堵 tu˧ 一~墙
面 min˥ 一~墙
打 ta˧ 一~啤酒
堆 tei˧ 一~雪
滴 tiʔ˧ 一~雨
槽 hzo˧ 一~牙
班 pan˧ 一~车
路 lu˥ / lɯ˧ 一~公共汽车
脸 lin˧ 一~土、一~灰
身 ʂən˧ 一~土、一~灰
点 tin˧ 一~面粉
筐 k·uan˧ 一~菠菜
包 pɔ˧ 一~书
瓶 hvyn˧ 一~醋
坛 hran˧ 一~酒
桶 t·ən˧ 一~汽油
盆 hvən˧ 一~洗澡水
瓢 hviɔ˧ 一~汤

锅 koɿ 一~饭
笼 lənɿ 一~包子
盘 hvõɿ 一~水果
壶 xuɿ 一~茶
盒子 xəʔɿ tsɿ·ɿ 一~火柴、一~手饰
箱子 ɕianɿ tsɿ·ɿ 一~衣裳
架子 kaˇ tsɿ·ɿ 一~小说
橱子 hzuɿ tsɿ·ɿ 一~书
抽屉 tʂɯɿ t·iˇ 一~文件
篮子 lanɿ tsɿ·ɿ 一~梨
篓子 luɿ tsɿ·ɿ 一~炭
炉子 luɿ tsɿ·ɿ 一~灰
袋子 hrɛˇ tsɿ·ɿ 一~干粮
池子 hzʅɿ tsɿ·ɿ 一~水
罐子 kõˇ tsɿ·ɿ 一~荔枝
碟子 tiʔɿ tsɿ·ɿ 一~小菜
勺子 ʂɔˇ tsɿ·ɿ 一~汤
调子 t·ioˇ tsɿ·ɿ 一~酱油
连串 linɿ tʂ·õˇ 一~问题
肚子 tɯɿ tsɿ·ɿ 一~气
组 tsɯɿ 一~队员
指 tʂʅɿ 一~长：大拇指和食指或中指伸张的长度
打 taɿ 一~长
庹 t·ɤʔɿ 一~：两臂平伸两手伸直的长度
成 hzˑənɿ 一~
顿 tənˇ 吃一~
餐 tsˑanɿ 吃一~
趟 t·anˇ 走一~
下子 haˇ tsɿ·ɿ 打一~、看一~

口 k·ɯɿ 吃一~
会子 xueiˇ tsɿ·ɿ 谈一~
阵 hzˑənˇ 下一~雨
场 tʂ·anɿ 闹一~、哭一~、吵一~
面 minˇ 见一~
水 ʂueiˇ 洗一~衣裳
炉子 luɿ tsɿ·ɿ 烧一~陶器
手 ʂɯˇ 写一~好字
笔 piʔɿ 写一~好字
任 zˑənˇ 做一~官
盘 p·õɿ / hvõɿ 下一~棋
圈 tɕ·ynɿ 打一~麻将
个把两个 koˇ paɿ lianˇ koˇ
百把两个 pɤʔɿ paɿ lianɿ koˇ
百把来个 pɤʔɿ paɿ lɛˇ koˇ
千把人 tɕinɿ paɿ zˑənɿ
万把块钱 uanˇ paɿ k·uɛˇ hinɿ
里把路 liɿ paɿ luˇ
里把两里路 liɿ paɿ lianɿ liɿ luˇ
亩把二亩 moɿ paɿ ɚˇ moɿ
亩把两亩 moɿ paɿ lianɿ moɿ

二十八　附加成分

后加成分

-极了 tɕiʔɿ lɤʔ·ɿ 好~
-得很 tɤʔɿ xənɿ 好~
-要死 ioˇ sɿɿ 热得~
-死了 sɿɿ lɤʔ·ɿ 热~

-死人 sʅ˧ zən˧ 热~
-不得了 pɤʔ˥ tɤʔ˥ liɔ˧ 好得~
吃头 tʂʅʔ˥ hɯɯ·˧ 这个菜没~
喝头 xəʔ˥ hɯɯ·˧ 那个酒没~
看头 kõ˥ hɯɯ·˧ 这出戏有个~
干头 kan˧ hɯɯ·˧
奔头 pən˧ hɯɯ·˧
苦头 k·u˧ hɯɯ·˧
甜头 hɕin˧ hɯɯ·˧

前加成分

雪- ɕyʔ˥ ~亮
死- sʅ˨ ~胖、~吃、~搞、~走、~丑
精- tɕin˨ ~光、~瘦
黢- tɕ·yʔ˥ ~黑
漆- tɕ·iʔ˥ ~黑
稀- ɕi˨ ~烂
激- tɕiʔ˥ ~浑的
吸- ɕiʔ˥ ~甜的
劈- p·iʔ˥ ~淡的
怪- kuɛ˥ ~好、~老实、~红、~黑、~高、~矮
老- lɔ˨ ~高、~大、~长、~厚、~胖、~宽、~深、~粗、~远

二十九 数字等

一号 iʔ˥ hɔ˥ 指日期，下同
二号 ər˧ hɔ˥
三号 san˨ hɔ˥
四号 sʅ˥ hɔ˥
五号 u˨ hɔ˥
六号 lɤʔ˥ hɔ˥
七号 tɕ·iʔ˥ hɔ˥
八号 pəʔ˥ hɔ˥
九号 tɕiu˨ hɔ˥
十号 sʅʔ˥ hɔ˥
初一 tsɯ˨ iʔ˥
初二 tsɯ˨ ɹe˧
初三 tsɯ˨ san˨
初四 tsɯ˨ sʅ˥
初五 tsɯ˨ u˨
初六 tsɯ˨ lɤʔ˥
初七 tsɯ˨ tɕ·iʔ˥
初八 tsɯ˨ pəʔ˥
初九 tsɯ˨ tɕiu˨
初十 tsɯ˨ sʅʔ˥
老大 lɔ˨ hɹa˥
老二 lɔ˨ ɹe˧
老三 lɔ˨ san˨
老四 lɔ˨ sʅ˥
老五 lɔ˨ u˨
老六 lɔ˨ lɤʔ˥
老七 lɔ˨ tɕ·iʔ˥
老八 lɔ˨ pəʔ˥
老九 lɔ˨ tɕiu˨
老十 lɔ˨ sʅʔ˥
大哥 hɹa˥ ko˨
二哥 ər˧ ko˨
老小 lɔ˨ ɕiɔ˨
一个 iʔ˥ ko˥
两个 lian˨ ko˥

三个 san˩ koˈ
四个 sʅˈ koˈ
五个 u˩ koˈ
六个 lɤʔ˥ koˈ
七个 tɕiʔ˥ koˈ
八个 pəʔ˥ koˈ
九个 tɕiu˩ koˈ
十个 sʅʔ˥ koˈ
第一 ti˥ iʔ˥
第二 ti˥ ɚˈ
第三 ti˥ san˩
第四 ti˥ sʅˈ
第五 ti˥ u˩
第六 ti˥ lɤʔ˥
第七 ti˥ tɕiʔ˥
第八 ti˥ pəʔ˥
第九 ti˥ tɕiu˩
第十 ti˥ sʅʔ˥
第一个 ti˥ iʔ˥ koˈ
第二个 ti˥ ɚˈ koˈ
第三个 ti˥ san˩ koˈ
第四个 ti˥ sʅˈ koˈ
第五个 ti˥ u˩ koˈ
第六个 ti˥ lɤʔ˥ koˈ
第七个 ti˥ tɕiʔ˥ koˈ
第八个 ti˥ pəʔ˥ koˈ
第九个 ti˥ tɕiu˩ koˈ
第十个 ti˥ sʅʔ˥ koˈ
一 iʔ˥
二 ɚˈ
三 san˩
四 sʅˈ

五 u˩
六 lɤʔ˥
七 tɕiʔ˥
八 pəʔ˥
九 tɕiu˩
十 sʅʔ˥
十一 sʅʔ˥ iʔ˥
二十 ɚˈ sʅʔ˥
二十一 ɚˈ sʅʔ˥ iʔ˥
三十 san˩ sʅʔ˥
三十一 san˩ sʅʔ˥ iʔ˥
一百 iʔ˥ pɤʔ˥
一千 iʔ˥ tɕ·in˩
一百一（十）iʔ˥ pɤʔ˥ iʔ˥
（sʅʔ˥）
一百一十个 iʔ˥ pɤʔ˥ iʔ˥ sʅʔ˥
kɤʔ˥
一百一十一 iʔ˥ pɤʔ˥ iʔ˥ sʅʔ˥
iʔ˥
一百二（十）iʔ˥ pɤʔ˥ ɚˈ
（sʅʔ˥）
二百五（十）ɚˈ pɤʔ˥ u˩
（sʅʔ˥）
三百一十 san˩ pɤʔ˥ iʔ˥ sʅʔ˥
三百三十 san˩ pɤʔ˥ san˩ sʅʔ˥
三百六十 san˩ pɤʔ˥ lɤʔ˥ sʅʔ˥
三百八十 san˩ pɤʔ˥ pəʔ˥ sʅʔ˥
一千一（百）iʔ˥ tɕ·in˩ iʔ˥
（pɤʔ˥）
三千 san˩ tɕ·in˩
一万 iʔ˥ uanˈ
一万二 iʔ˥ uanˈ ɚˈ

一万两千 i?˥ uan˧˩ lian˧˩˧ tɕ·in˧˩
三万五（千） san˧˩ uan˧˩ u˧˩˧
　（tɕ·in˧˩）
零 lin˧˩
两斤 lian˧˩˧ tɕin˧˩
二两 ər˧˩ lian˧˩
两钱 lian˧˩˧ hin˧˩
两分 lian˧˩ fən˧˩
两厘 lian˧˩ li˧˩
两丈 lian˧˩ hzan˧˩
两尺 lian˧˩ tʂʅ˥
两寸 lian˧˩ ts·ən˧˩
两里 lian˧˩˧ li˧˩
两担 lian˧˩ tan˧˩
两斗 lian˧˩˧ tɯ˧˩
两升 lian˧˩ ʂən˧˩
两项 lian˧˩ han˧˩
两亩 lian˧˩˧ mo˧˩
几个 tɕi˧˩ ko˧˩
好多个 xɔ˧˩ to˧˩ ko˧˩
好几个 xɔ˧˩˧ tɕi˧˩ ko˧˩
一些些 i?˥ ɕi˧˩ ɕi·
好一些 xɔ˧˩ i?˥ ɕi˧˩
大一些 hra˧˩ i?˥ ɕi˧˩
一点 i?˥ tin˧˩
一点点 i?˥ tin˧˩˧ tin˧˩
　一滴滴 i?˥ ti?˥ ti?˥
大一点 hra˧˩ i?˥ tin˧˩
　大一滴 hra˧˩ i?˥ ti?˥
十多个 ʂʅ?˥ to˧˩ ko˧˩ 比十个多
一百多个 i?˥ pɤ?˥ to˧˩ ko˧˩
十来个 ʂʅ?˥ lɛ˧˩ ko˧˩ 不到十个

千把个 tɕ·in˧˩ pa˧˩ ko˧˩
百把个 pɤ?˥ pa˧˩ ko˧˩
半个 põ˧˩ ko˧˩
一半 i?˥ põ˧˩
两半 lian˧˩ põ˧˩
多半 to˧˩ põ˧˩
一大半 i?˥ hra˧˩ põ˧˩
一个半 i?˥ ko˧˩ põ˧˩
…上下 hzan˧˩ ha˧˩
…左右 tso˧˩ iu˧˩

成语

一来二去 i?˥ lɛ˧˩ ər˧˩ tɕi˧˩
一清二白 i?˥ tɕ·in˧˩ ər˧˩ pɤ?˥
一清二楚 i?˥ tɕ·in˧˩ ər˧˩ ts·u˧˩
一干二净 i?˥ kõ˧˩ ər˧˩ tɕin˧˩
一刀两断 i?˥ tɔ˧˩ lian˧˩ hõ˧˩
三番五次 san˧˩ fan˧˩ u˧˩ ts·ʅ˧˩
三番两次 san˧˩ fan˧˩ lian˧˩ ts·ʅ˧˩
三年两年 san˧˩ nin˧˩ lian˧˩ nin˧˩
三年五载 san˧˩ nin˧˩ u˧˩ tsɛ˧˩
三天两头 san˧˩ t·in˧˩ lian˧˩ hɯ˧˩
三天两夜 san˧˩ t·in˧˩ lian˧˩ i˧˩
三长两短 san˧˩ hzan˧˩ lian˧˩ tõ˧˩
三心二意 san˧˩ ɕin˧˩ ər˧˩ i˧˩
三心两意 san˧˩ ɕin˧˩ lian˧˩ i˧˩
三三两两 san˧˩ san˧˩ lian˧˩˧
　lian˧˩
四零五散 ʂʅ˧˩ lin˧˩ u˧˩ san˧˩
五湖四海 u˧˩˧ hu˧˩ ʂʅ˧˩ xɛ˧˩
五花八门 u˧˩ xua˧˩ pa?˥ mən˧˩
七上八下 tɕ·i?˥ hzan˧˩ pə?˥ ha˧˩

乱七八糟 lõ˧ tɕ·iʔ˥ pəʔ˥ tsɔ˨˩ 辛 ɕin˨˩
乌七八糟 u˨˩ tɕ·iʔ˥ pəʔ˥ tsɔ˨˩ 壬 zˌen˧
七手八脚 tɕ·iʔ˥ ʂɯ˨˩ pəʔ˥ tɕiəʔ˥ 癸 k·uei˧
七嘴八舌 tɕ·iʔ˥ tsei˨˩ pəʔ˥ 子 tsˌʅ˨˩
　hzˌəʔ˥ 丑 tʂ·ɯ˨˩
千家万户 tɕ·in˨˩ ka˨˩ uan˧ xu˧ 寅 in˧
千言万语 tɕ·in˨˩ in˧ uan˧ zˌu˨˩ 卯 mɔ˨˩
　　　　　　　　　　　　　　　辰 hzˌən˧
　　　　干支　　　　　　　　　巳 sˌʅ˨˩
甲 tɕiəʔ˥ 午 u˨˩
乙 iʔ˥ 未 uei˧
丙 pin˨˩ 申 ʂən˨˩
丁 tin˨˩ 酉 iu˨˩
戊 u˧ 戌 ɕyʔ˥
己 tɕi˨˩ 亥 hɛ˧
庚 kən˨˩

第六章　安徽芜湖六郎方言语法例句

1　laꜜ koˊ a·˩ ŋoˊ ʂʅˇ lɔˇ sanꜜ (o·˩).
　　哪　个　啊？我　是　老　三　（噢）。

2　lɔꜜ ʂʅˇ ne·˩ ? tʻaꜜ tʂənˇ tseˇ kənꜜ iˀ˩ koˊ pʻənˊ iuꜜ
　　老　四　呢？他　正　在　跟　一　个　朋　友
　　kanꜜ huaˊ nɛ·˩.
　　讲　话　呢。

3　tʻaꜜ xəʔꜜ meiˊ iuꜜ kanˇ uanˊ na·˩?
　　他　还　没　有　讲　完　哪？

4　xəʔ˥ meiˊ iuꜜ. tənꜜ haˊ tsʅ·˩ tɕiuˊ kanˇ uanˊ lɤʔ·˩.
　　还　没　有。等　下　子　就　讲　完　了。
　　xəʔ˥ meiˊ iuꜜ. koˊ iʔ˩ sɤʔ˥ niˀ˩　hiuˇ nənꜜ kanˇ
　　还　没　有。过　一　色日会儿　就　能　讲
　　uanˊ lɤʔ·˩.
　　完　了。

5　tʻaꜜ kanꜜ maˊ hʐanˇ tɕiuˇ / hiuˇ tsɯꜜ, tsənꜜ mɤ·˩
　　他　讲　马　上　就　走，怎　么
　　koˊ tɤʔ˩ kɤʔ˥ põˊ tʻinꜜ xəʔ˥ tseˇ kaꜜ li·˩?
　　搞　的 个这 半　天　还　在　家　里？

6　niꜜ toˊ nõ sʅ·˩ kʻuɛ˩ tɕiˇ a·˩? ŋoˊ toˊ kɛꜜ hʐanˇ
　　你　到　哪　斯　块哪里　去　啊？我　到　街　上
　　tɕiˇ·˩.
　　去。

7　tseˇ koˊ li·˩, 　pɤʔ˥ tseˇ kɤʔ˥ li·˩.
　　在　个　里那儿，不　在　个　里这儿。

8 pɤʔ˧ ʂʅˊ kei˧ mɤʔ˩ tso˧, ʂʅˊ iɔˊ kei˧ mɤʔ˩ tso˧.
   不 是 □ 么那么 做， 是 要 □ 么这么 做。
   pɤʔ˧ ʂʅˊ kei˧ ianˇ tsʅ˩ tso˧, ʂʅˊ iɔˊ kei˧ ianˇ
   不 是 □那 样 子 做， 是 要 □这 样
   tsʅ˩ tso˧.
   子 做。

9 t'ɛˋ to˧ kɤʔ˩, ʐuənˇ pɤʔ˩ tʂuʔ˩ kei˧ mɤʔ˩ to˧, tsʅˊ
   太 多 个， 用 不 着 □ 么那么 多， 只
   iɔˊ kei˧ mɤʔ˩ to˧ tɕiuˇ kɯˇ lɤʔ˩.
   要 □ 么这么 多 就 够 了。
   t'ɛˋ to˧ kɤʔ˩, ʐuənˇ pɤʔ˩ tʂuʔ˩ kei˧ mɤʔ˩ to˧, hiuˇ
   太 多 个， 用 不 着 □ 么那么 多， 就
   iɔˊ kei˧ mɤʔ˩ to˧ hiuˇ tʂənˇ kɤʔ˩ lɤʔ˩.
   要 □ 么这么 多 就 中 个 了。

10 kei˧ kɤʔ˩ hɑˋ, kei˧ kɤʔ˩ ɕiɔˊ, kɤʔ˧ lianˇ koˊ laˊ
   □ 个这个 大， □ 个那个 小， 个这 两 个 哪
   iʔ˧ koˊ xɔ˧ iʔ˧ tiʔ˧ tiʔ˧ ni˩?
   一 个 好 一 滴 滴点儿 呢？

11 kei˧ ko˩ pi˧ kei˧ ko˩ xɔ˧.
   □ 个这个 比 □ 个那个 好。

12 kei˧ ɕi˩ hvanˇ tsʅ˩ pɤʔ˩ ʐuˋ kei˧ ɕi˩ hvanˇ tsʅ˩
   □ 些这些 房 子 不 如 □ 些那些 房 子
   xɔ˧.
   好。
   kɤʔ˧ li˩ uʔ˧ mɤʔ˩ iuˇ kɤʔ˧ li˩ uʔ˧ xɔ˧.
   □ 里这些 屋 没 有 □ 里那些 屋 好。

13 kei˧ tʂuˋ huaˋ ʐuənˇ uanˇ tsʅˊ huaˋ tsənˇ mɤʔ˩
   □这 句 话 用 湾 沚 话 怎 么
   kanˇ?
   讲？
   kei˧ tʂuˋ huaˋ ʐuənˇ uanˇ tsʅˊ huaˋ hoˋ ni˩ kanˇ?
   □这 句 话 用 湾 沚 话 何 呢怎么 讲？

	kɤʔ˩˩ kɤʔ·˩ huaˇ ʐuənˇ uan˩ tʂʅˇ huaˇ lu˩ kan˩?
	□ 个这个 话 用 湾 沚 话 炉 怎么 讲?
14	tˑa˩ kən˩ nin˩ (tsʅ·˩) to˩ hɽaˇ (nin˩ tɕi·˩) lɤʔ·˩?
	他 今 年 （子） 多 大 （年 纪） 了?
15	hɽaˇ kɛˇ iu˩ san˩ sʅʔ·˩ seiˇ.
	大 概 有 三 十 拉 岁。
16	keiˇ kɤʔ·˩ tən˩ ɕi·˩ iu˩ to˩ hzənˇ nɛ·˩?
	□ 个这个 东 西 有 多 重 呢?
	kɤʔ˩˩ kɤʔ·˩ tən˩ ɕi·˩ iu˩ to˩ hzənˇ nɛ·˩?
	□ 个这个 东 西 有 多 重 呢?
17	iu˩ u˩ sʅʔ˩ tɕin˩ hzənˇ ŋo·˩.
	有 五 十 斤 重 噢。
18	kɤʔ˩ la˩ tɤʔ˩ hɽəńˇ ŋo·˩?
	可 拿 得 动 噢?
	kɤʔ˩ nən˩ la˩ tɤʔ˩ hɽən˩?
	可 能 拿 得 动?
19	ŋo˩ la˩ tɤʔ˩ hɽənˇ, tˑa˩ la˩ pɤʔ˩ hɽənˇ.
	我 拿 得 动， 他 拿 不 动。
20	tʂən˩ pɤˇ tɕˑin˩, hzənˇ tɤʔ˩ lin˩ ŋo˩ tɯ˩ la˩ pɤʔ˩
	真 不 轻， 重 得 连 我 都 拿 不
	hɽənˇ.
	动。
21	ni˩ kan˩ tɤʔ˩ xənˇ xo˩, ni˩ kɤʔ˩ xəʔ˩ hueiˇ kan˩
	你 讲 得 很 好， 你 可 还 会 讲
	tin˩ no·˩?
	点 噢?
	ni˩ kan˩ tɤʔ˩ xo˩ tɤʔ˩ xənˇ, ni˩ xəʔ˩ nən˩ kan˩ tin·˩
	你 讲 得 好 得 很， 你 还 能 讲 点
	na˩ ɕi·˩ tən˩ ɕi·˩?
	哪 些 东 西?
22	ŋo˩ tsei˩ pənˇ, ŋo˩ kan˩ pɤʔ˩ koˇ tˑa˩.
	我 嘴 笨， 我 讲 不 过 他。

ŋo˩ tsei˩ pən˥, ŋo˩ kan˩ t·a˩ pɤʔ˥ ko˥.
我 嘴 笨， 我 讲 他 不 过。

23 kan˩ lɤʔ·i iʔ˥ pin˥, iu˥ kan˩ lɤʔ·i iʔ˥ pin˥.
讲 了 一 遍， 又 讲 了 一 遍。

24 tɕ·in˧˥ ni˩ tsɛ˥ kan˩ iʔ˥ pin˥!
请 你 再 讲 一 遍!

25 pɤʔ˥ tsɔ˩ lɤʔ·i, k·ue˥ tɕi˥ pa·i!
不 早 了, 快 去 吧!

26 ɕin˥ tsɛ˥ xəʔ˧˥ tsɔ˩ tʂʅʔ˥ ȵi ·i. tən˩ ha˧˥ tsʅ·i tsɛ˥
现 在 还 早 着 呢。 等 下 子 再
tɕ·i˥.
去。

kɤʔ˥ tsʅ ʐʅʔ˥ ȵiʔ˥ xəʔ˧˥ tsɔ˩ tɤʔ˥ xən˩, ɕiʔ˥ iʔ˥ sɤʔ˥
个 色 日 现 在 还 早 得 很, 歇 一 色
ȵiʔ˥ tsɛ˥ tɕ·i˥.
日会儿 再 去。

27 tʂʅʔ˥ lɤʔ·i hvan˥ tsɛ˥ tɕ·i˥, kɤʔ˥ xɔ˩?
吃 了 饭 再 去, 可 好?
tʂʅʔ˥ lɤʔ·i hvan˥ tsɛ˥ tɕ·i˥, kɤʔ˥ tʂən˩?
吃 了 饭 再 去, 可 中?
tʂʅʔ˥ kɤʔ·i hvan˥ tsɛ˥ tɕ·i˥, kɤʔ˥ xɔ˩?
吃 个 饭 再 去, 可 好?

28 man˥ ha˥ tsʅ·i tʂʅʔ˥! pɤʔ˥ ɕi˥ tɕiʔ˥!
慢 下 子 吃! 不 要 急!
man˥ ha˥ tsʅ·i tʂʅʔ˥! pɛ˥ tɕiʔ˥!
慢 下 子 吃! 别 急!
man˥ man˥ tɤʔ·i tʂʅʔ˥! pɛ˥ tɕiʔ˥!
慢 慢 的 吃! 别 急!

29 hzo˥ kɤʔ·i tʂʅʔ˥ pi˩ tsan˥ kɤʔ·i tʂʅʔ˥ xɔ˩ ɕi·i.
坐 个 着 吃 比 站 个 着 吃 好 些。

30 t·a˩ tʂʅʔ˥ kɤʔ˥ hvan˧˥ lɤʔ·i, ni˩ kɤʔ˥ tʂʅʔ˥ (kɤʔ·i)
他 吃 个 了 饭 了， 你 可 吃 （个了）

第六章　安徽芜湖六郎方言语法例句

(hvan˧˩) lɤʔ·ɿ?
（饭）　了?

31　tʻa˧ tɕi˥ ko˥ hzan˧ xɛ˥, ŋo˧ mei˧ tɕi˥ ko˥.
　　 他 　去　 过 　上 　海，我 　没　 去　 过。

32　lɛ˧ uən˧ ha˥ tsɿ·ɿ kɤʔ˨ xua˧ kɤʔ˨ ɕian˧?
　　 来　 闻 　下 　子 　个 　这　 花　 可　 香?

33　kei˧˩ ŋo˧ iʔ˧ pən˧ ʂu˧!
　　 给 　我　 一 　本 　书!
　　 pa˧˩ ŋo˧ iʔ˧ pən˧ ʂu˧!
　　 把　 我 　一 　本 　书!
　　 pa˧˩ iʔ˧ pən˧ ʂu˧ kei˧˩ ŋo˧!
　　 把 　一　 本　 书 　给 　我!

34　ŋo˧ ʂɿʔ˧ tsɛ˥ mei˧ iu˧ ʂu˧!
　　 我　 实　 在　 没 　有　 书!
　　 ŋo˧ tɕʻyʔ˧ ʂɿʔ˧ mei˧ iu˧ ʂu˧!
　　 我 　确 　实 　没 　有 　书!
　　 ŋo˧ tʂən˧ tɤʔ·ɿ mei˧ iu˧ ʂu˧!
　　 我 　真 　的 　没 　有 　书!

35　ni˧ ko˥ su·ɿ tʻa˧.
　　 你 　告 　诉　 他。
　　 ni˧ kən˧ tʻa˧ kan˧.
　　 你 　跟 　他 　讲。
　　 ni˧ kan˧ pa˧ tʻa˧ tʻin˧.
　　 你　 讲　 把　 他　 听。
　　 ni˧ kan˧ kei˧ tʻa˧ tʻin˧.
　　 你 　讲 　给 　他 　听。

36　xɔ˧˩ xɔ˧ tɤʔ·ɿ tsu˧! pɤʔ˧ iɔ˥ hvɔ˧!
　　 好 　好 　的 　走!　 不 　要 　跑!
　　 xɔ˧˩ xɔ˧ tɤʔ·ɿ tsu˧! pɛ˧ hvɔ˧!
　　 好 　好 　的　 走!　别 　跑!

37　ɕiɔ˧ ɕin˧ tiʔ˧ ha˥ tɕi˥ hva˧ i˧ hva˧ pɤʔ˧ hzan˧
　　 小 　心 　跌　 下 　去 　爬　 也 　爬 　不 　上

lɛ˧˩!
来!

çioɹ çin˩ tˠʔ˧ haˠ˥ tɕiˠ hvaˠ tɯɹ hvaˠ pɤʔ˧ hzanˠ˥
小　心　脱　下　去　爬　都　爬　不　上

lɛ˧˩!
来!

38　i˩ sən˩ tɕioˠ ni˩ to˩ ʂueiˠ˥ ha˥ tsɿ˧˩.
　　医　生　叫　你　多　睡　下　子。

　　i˩ sən˩ xan˩ ni˩ to˩ ʂueiˠ˥ ha˥ tsɿ˧˩.
　　医　生　喊　你　多　睡　下　子。

　　i˩ sən˩ tɕioˠ ni˩ to˩ uɛ˩ iʔ˧ sɤʔ˥ niʔ˧˩.
　　医　生　叫　你　多　歪睡　一　色　日会儿。

39　tʂʅʔ˧ in˩ kən˩ xəʔ˧ hzaˠ tɯɹ pɤʔ˧ tʂənˠ.
　　吃　烟　跟　喝　茶　都　不　中。

40　in˩ iˠ˥ xoˠ, hzaˠ iˠ˥ xoˠ, ŋoˠ tɯɹ pɤʔ˧ çi˥ xõ˧˩.
　　烟　也　好，　茶　也　好，　我　都　不　喜　欢。

　　in˩ iˠ˥ xoˠ, hzaˠ iˠ˥ xoˠ, ŋoˠ tɯɹ pɤʔ˧ tei˥ kuan˩.
　　烟　也　好，　茶　也　好，　我　都　不　对 光喜　欢。

41　pɤʔ˧ kõ˩ ni˩ tɕiˠ pɤʔ˧ tɕiˠ, (fan˩ tʂənˠ) ŋoˠ tɯɹ
　　不　管　你　去　不　去，　（反　正）　我　都

　　ioˠ tɕiˠ.
　　要　去。

　　pɤʔ˧ kõ˩ ni˩ kɤʔ˧ tɕiˠ, (fan˩ tʂənˠ) ŋoˠ tɯɹ ioˠ
　　不　管　你　可　去，　（反　正）　我　都　要

　　tɕiˠ.
　　去。

42　ŋoɹ fei˩ ioˠ tɕiˠ.
　　我　非　要　去。

43　ni˩ ʂʅˠ naˠ (iʔ˧) ninˠ tsɿ˧˩ lɛˠ tɤʔ˧˩?
　　你　是　哪　（一）　年　子　来　的？

44　ŋoˠ ʂʅˠ hinˠ (iʔ˧) ninˠ tsɿ˧˩ toˠ pɤʔ˧ tɕin˩ tɤʔ˧˩.
　　我　是　前　（一）　年　子　到　北　京　的。

第六章　安徽芜湖六郎方言语法例句　　　　　　　　113

45　kənꜜ tʂɔꜜ kˑɤꜛ hueiꜛ naꜛ koꜛ ʂʅꜛ tsuꜜ ɕiʔꜛ?
　　今　朝今天　开　会　哪　个　是　主　席?

46　niꜜ ioꜛ tɕˑinꜛ ŋoꜜ tʂʅꜛ hvanꜛ ɛnˑ꜋.
　　你　要　请　我　吃　饭　呢。 你得请我的客。
　　niꜜ ioꜛ xanꜛ ŋoꜜ tʂʅꜛ hvanꜛ ɛnˑ꜋.
　　你　要　喊　我　吃　饭　呢。
　　niꜜ ioꜛ tɕˑinꜛ ŋoꜜ kˑɤʔꜛ ɛnˑ꜋.
　　你　要　请　我　客　呢。

47　iʔꜛ pinꜜ tsɯꜜ, iʔꜛ pinꜜ kanꜜ.
　　一　边　走，　一　边　讲。

48　yʔꜛ tsɯꜜ yʔꜛ ynꜜ, yʔꜛ kanꜜ yʔꜛ toꜜ.
　　越　走　越　远，　越　讲　越　多。

49　paꜜ keiꜛ kɤʔˑ tənꜜ ɕiˑ laꜛ paꜜ ŋoꜜ.
　　把　□　个那个　东　西　拿　把　我。
　　paꜜ kɤʔꜛ kɤʔˑ tənꜜ ɕiˑ laꜛ paꜜ ŋoꜜ.
　　把　个　个那个　东　西　拿　把　我。

50　iuꜜ ɕiˑ hriꜛ fanˑ paꜜ tˑɤꜛ ianˑ tɕioꜛ ʐʅʔꜛ hrɯˑ꜋.
　　有　些　地　方　把　太　阳　叫　日　头。
　　iuꜜ ɕiˑ tʂanꜛ tsʅˑ paꜜ tˑɤꜛ ianˑ tɕioꜛ ʐʅʔꜛ hrɯˑ꜋.
　　有　些　场　子地方　把　太　阳　叫　日　头。
　　iuꜜ kˑuɛˑ hriꜛ fanˑ paꜜ tˑɤꜛ ianˑ tɕioꜛ ʐʅʔꜛ hrɯˑ꜋.
　　有　块　地　方　把　太　阳　叫　日　头。

51　niꜜ ɕinꜛ mɤʔ tɤʔˑ? ŋoꜜ ɕinꜛ uanꜜ.
　　你　姓　么　的什么?　我　姓　王。

52　niꜜ ɕinꜛ uanꜜ, ŋoꜜ iˑ ɕinꜛ uanꜜ, ŋoꜜ lianꜜ kɤʔˑ
　　你　姓　王，　我　也　姓　王，　我　两　个
　　tɯꜜ ɕinꜛ uanꜜ.
　　都　姓　王。

53　niꜜ ɕinꜜ tɕˑiꜛ paˑ, ŋoꜜ tɤʔ tənꜜ haꜛ tsʅˑ tsɛꜛ tɕˑiꜛ.
　　你　先　去　吧，　我　的我们　等　下　子　再　去。
　　niꜜ ɕinꜜ tɕˑiꜛ paˑ, ŋoꜜ tɤʔ ɕiʔ sɤʔ niʔˑ tsɛꜛ
　　你　先　去　吧，　我　的我们　歇　色　日会儿　再

tɕi˧˥.

去。

54 kei˧˩ kɤʔ˙ (tən˧˩ ɕi˙) nən˧˥ tʂʅ˥, kei˥˩ kɤʔ˙ (tən˧˩
    □这个   （东 西） 能   吃，□那个 （东
    ɕi˙) pɤʔ˥ nən˧˥ tʂʅ˥.
    西） 不   能 吃。

    kɤʔ˥˩ kɤʔ˙ (tən˧˩ ɕi˙) nən˧˥ tʂʅ˥, kɤʔ˥ kɤʔ˙ (tən˧˩
    个 个这个 （东 西） 能   吃，个 个那个 （东
    ɕi˙) pɤʔ˥ nən˧˥ tʂʅ˥.
    西） 不   能 吃。

55 kei˧˩ ʂʅ˥ t·a˧˩ tɤʔ˙ ʂu˧˩, kei˥˩ iʔ˥ pən˧˩ ʂʅ˥ t·a˧˩ ko˧˩
    □这 是 他 的 书，□那 一 本 是 他 哥
    ko˙ tɤʔ˙.
    哥 的。

    kei˧˩ kɤʔ˙ ʂu˧˩ ʂʅ˥ t·a˧˩ tɤʔ˙, kei˥˩ iʔ˥ pən˧˩ (ʂu˧˩)
    □这 个 书 是 他 的，□那 一 本 （书）
    ʂʅ˥ t·a˧˩ ko˧˩ ko˙ tɤʔ˙.
    是 他 哥 哥 的。

56 kõ˥ ʂu˧˩ tɤʔ˙ kõ˥ ʂu˧˩, kõ˥ pɔ˥ tɤʔ˙ kõ˥ pɔ˥, ɕi˧˩
    看书 的 看书， 看报 的 看报，写
    hzʅ˥ tɤʔ˙ ɕi˧˩ hzʅ˙.
    字 的 写 字。

57 ɕian˧˩ tɤʔ˙ xən˧˩, kɤʔ˥ ʂʅ˥ tɤʔ˙?
    香 得 很，可 是 的?
    p·ən˥˩ ɕian˧˩ tɤʔ˙, kɤʔ˥ ʂʅ˥ tɤʔ˙?
    喷 香 的，可 是 的?

58 ʂʅ˥ ha˥˩ tsʅ˙ (kõ˥).
    试 下 子 （看）。
    ʂʅ˥ ʂʅ˙ (kõ˥).
    试 试 （看）。
    ʂʅ˥ (iʔ˥) ʂʅ˥.
    试 （一） 试。

第六章 安徽芜湖六郎方言语法例句

59 kənꜜ tʂɔꜜ ʐəʔ˧ tɤʔ˩ xenꜜ.
　 今　朝今天　热　　得　　很。
　 kənꜜ tʂɔꜜ ʐəʔ sʅ kɤʔ˩.
　 今　朝今天　热　死　个。

60 kənꜜ tʂɔꜜ ʐəʔ tɤʔ˩ pɤʔ tɤʔ lioꜜ.
　 今　朝今天　热　得　　不　得　了。
　 kənꜜ tʂɔꜜ ʐəʔ sʅ lɤʔ˩.
　 今　朝今天　热　死　了。

61 ŋoꜜ meꜜ lɤʔ˩ iʔ˧ ko˩ ŏꜜ.
　 我　买　了　一　个　碗。
　 ŋoꜜ meꜜ iʔ˧ ko˩ ŏꜜ kɛ˩.
　 我　买　　一　个　碗　个。

62 t'aꜜ tsɛꜛ uanꜜ tʂʅ tsoꜛ hzʅꜜ.
　 他　在　　湾　沚　做　　事。
　 t'aꜜ tsɛꜛ uanꜜ tʂʅ hzanꜛ panꜜ.
　 他　在　　湾　沚　上　　班。

63 t'aꜜ tsɛꜛ tʂ'ʅʔ˧ hvanꜛ.
　 他　在　　吃　　饭。

64 t'aꜜ kənꜜ tʂɔꜜ tʂ'ŏꜜ kɤʔ˩ iʔ˧ ʂenꜜ ɕinꜜ iꜜ fɤʔ˩.
　 他　今　朝今天　穿　　个着　一　身　　新　衣　服。
　 t'aꜜ kənꜜ tʂɔꜜ tʂ'ŏꜜ kɤʔ˩ iʔ˧ t'oꜛ ɕinꜜ iꜜ fɤʔ˩.
　 他　今　朝今天　穿　　个着　一　套　新　衣　服。

65 t'aꜜ kaꜜ mənꜜ soꜜ kɤʔ˩ ɜ˩ tʂuanꜜ tsʅ˩ iꜜ kuanꜜ
　 他　家　门　　锁　个着　的，窗　　子　也　关
　 kɤʔ˩ tɛ˩, iʔ˧ kɤʔ˩ ʐenꜜ tɯꜜ mɤʔ tɤʔ˩.
　 个着　的，一　个　　人　　都　没　的。

66 t'aꜜ lɛꜜ kɤʔ˩ / kɛꜜ lɤʔ˩.
　 他　来　个　　　　了他来了。

67 t'inꜜ ioꜛ lɤʔ˩ z̩ꜜ lɤʔ˩.
　 天　　要　落　　雨下雨　了。

68 niꜜ paꜜ mənꜜ kuanꜜ haꜛ tsʅ˩.
　 你　把　门　　关　　下　子。

niɹ paɹ mənɹ kuanɹ tɕ‧iɹ ˙ɿɤ.
你 把 门 关 起 来。
niɹ paɹ mənɹ kuanɹ kɛ˙ɿ.
你 把 门 关 <small>个关上</small>。

69　niɹ paɹ hinɹ fanɹ xɔˋ kɜ˙ɿ, pɛˋ tiuɹ tɤʔ˙ɿ kɜ˙ɿ.
　　你 把 钱 放 好 个， 别 丢 得 个。
　　niɹ paɹ hinɹ ʂuˋ xɔˋ, pɛˋ kɔˋ tɤʔ˙ɿ kɜ˙ɿ.
　　你 把 钱 收 好， 别 搞丢 得 个。

70　keiˇˆ kɤʔ˙ɿ õˋ t‧aɹ paɹ taɹ seiˋ tɤʔ˙ɿ kɜ˙ɿ.
　　□ 个那个 碗 他 把 打 碎 得 个。
　　keiˇˆ kɤʔ˙ɿ õˋ tɔˇˆ t‧aɹ taɹ seiˋ tɤʔ˙ɿ kɜ˙ɿ.
　　□ 个那个 碗 到<small>被</small> 他 打 碎 得 个。

71　niɹ paɹˇ ŋoɹ iʔˆ kɤʔ˙ɿ paɹ tɕinɹ tsɿ˙ɿ.
　　你 把<small>给</small> 我 一 把 剪 子。

72　t‧aɹ paɹˇ ŋoɹ iʔˆ kɤʔ˙ɿ hɔˋ tsɿ˙ɿ.
　　他 把<small>给</small> 我 一 个 桃 子。
　　paɹˇ iʔˆ kɤʔˆ hɔˋ tsɿ˙ɿ paɹ ŋoɹ.
　　把 一 个 桃 子 把<small>给</small> 我。

73　keiɹ tsoˋ ʂanɹ ŋoɹ nənɹ hvaɹ (tɤʔ˙ɿ) hzanˋ tɕ‧iɹ,
　　□<small>这</small> 座 山 我 能 爬 （得） 上 去，
　　t‧aɹ hvaɹ pɤʔˆ hzanˋ tɕ‧iɹ.
　　他 爬 不 上 去。
　　keiɹ kɤʔ˙ɿ ʂanɹ ŋoɹ nənɹ hvaɹ (tɤʔ˙ɿ) hzanˋ tɕ‧iɹ,
　　□<small>这</small> 个 山 我 能 爬 （得） 上 去，
　　t‧aɹ hvaɹ pɤʔˆ hzanˋ tɕ‧iɹ.
　　他 爬 不 上 去。

74　niɹ tsɛˋ t‧inɹ iʔˆ õˋ (hvanˋ).
　　你 再 添 一 碗 （饭）。
　　niɹ tsɛˋ tʂɿʔˆ iʔˆ õˋ (hvanˋ) t‧inɹ ha˙ tsɿ˙ɿ.
　　你 再 吃 一 碗 （饭） 添 下 子。

75　ŋoɹ meiɹ t‧inɹ tɕ‧inɹ tsu˙ɿ, niɹ tsɛˋ kanɹ iʔˆ pinˋ.
　　我 没 听 清 楚， 你 再 讲 一 遍。

ŋo˨ mei˨ t'in˨ to˨, ni˨ tɕo˧ ,ɲin˨ hzən˧ kan˨ i?˧ pin˥ t'in˨ ha˩
我 没 听 倒, 你 重 讲 一 遍 添 下
tsʅ˧ ˩.
子。

76 hɤ?˧ tso˨ ,t'a˨ mɤ?˧ lɛ˧, kən˨ tso˨ ,t'a˨ ex˧ mɤ?˧
昨 朝^{昨天} 他 没 来, 今 朝^{今天} 他 还 没
lɛ˧.
来。

77 ŋo˨ sʅ˧ lo˧˨ sʅ˧, t'a˨ i˨ sʅ˧ lo˧˨ sʅ˨.
我 是 老 师, 他 也 是 老 师。

78 ni˨ kɤ?˧ tɕ'i˨ a˩?
你 可 去 啊?
ni˨ tɕ'i˨ pɤ?˧ tɕ'i˨?
你 去 不 去?

79 t'a˨ kɤ?˧ tɕ'i˨ kɛ˩?
他 可 去 个^{他去没去}?
t'a˨ tɕ'i˨ mɤ?˧ tɕ'i˨ (a˩)?
他 去 没 去 (啊)?

80 hɹi˥ ʂuən˨ san˨ kɤ?˧ t'a˨ tsei˨ hɹa˧.
弟 兄 三 个 他 最 大。
hɹi˥ ʂuən˨ san˨ kɤ?˧ t'a˨ lo˧ hɹa˧.
弟 兄 三 个 他 老 大。

81 kɤ?˧ õ˧ ts'ɛ˧ xɯ˨ xən˧ tɤ?˩.
个^这 碗 菜 鲔 很 的^{太咸了}。
kɤ?˧ õ˧ ts'ɛ˧ t'ɛ˧ han˨ kɛ˩.
个^这 碗 菜 太 咸 个。
kɤ?˧ õ˧ ts'ɛ˧ han˨ tɤ?˩ xən˨.
个^这 碗 菜 咸 的 很。

82 ŋo˨ tʂʅ?˧ lɤ?˧ san˨ õ˧ hvan˧ ex˧ mɤ?˧ tʂʅ?˧ po˧.
我 吃 了 三 碗 饭 还 没 吃 饱。
ŋo˨ tʂʅ?˧ kɤ?˧ san˨ õ˧ hvan˧ ex˧ mɤ?˧ tʂʅ?˧ po˧.
我 吃 个 三 碗 饭 还 没 吃 饱。

83 ni˨ hzo˥˩ kei˨ kʻuɜ˩˧, tʻa˨ hzo˥˩ kei˥˩ kʻuɜ˩˧.
　　你　坐　□　块这儿，他　坐　□　块那儿。

84 hzo˥˩ kɛ˩˧, pɛ˥ tʂaŋ˥˩ tɕʻi˨ lɛ˩˧.
　　坐　个着，别　站　起　来。
　　hzo˥˩ kɛ˩˧, pɛ˥ tʂaŋ˥ kɛ˩˧.
　　坐　个着，别　站　个着。

85 tʻa˨ kõ˥ tiŋ˥ ʂʅ˩˧ kõ˥ kɛ˩˧ kõ˥ kɛ˩˧ ʂuei˥ tʂuʔ˩ lɤʔ˩˧.
　　他　看　电　视　看　个着　看　个着　睡　着　了。
　　tʻa˨ kõ˥ tiŋ˥ ʂʅ˩˧ kõ˥ kɛ˩˧ kõ˥ kɛ˩˧ uɛ˥ hzʅʔ˩ kɛ˩˧.
　　他　看　电　视　看　个着　看　个着　歪睡　上　个。

86 tʻiŋ˨ lən˥˨ tɕʻi˨ lɛ˩˧ kɛ˩˧.
　　天　冷　起　来　个。

87 (hvan˥) ni˨ kɤʔ˩ tʂʅʔ˩ kɤʔ˩˧ lɜ˩˧?
　　（饭）你　可　吃　个过　了？
　　ni˨ kɤʔ˩ tʂʅʔ˩ kɤʔ˩˧ hvan˥ lɜ˩˧?
　　你　可　吃　个过　饭　了？

88 tʻa˨ tsɯ˨ tɤʔ˩ kʻuɜ˥ tɤʔ˩˧ xən˨.
　　他　走　得　快　得　很。
　　tʻa˨ tsɯ˨ tɤʔ˩ kʻuɜ˥ tɤʔ˩˧ pɤʔ˩ tɤʔ˩ liɔ˩˧.
　　他　走　得　快　得　不　得　了。

89 ŋo˨ ta˨ tɤʔ˩˧ ko˥ tʻa˨.
　　我　打　得　过　他。
　　ŋo˨ ta˨ tʻa˨ tɤʔ˩˧ ko˥.
　　我　打　他　得　过。
　　ŋo˨ ta˨ tɤʔ˩˧ tʻa˨ ko˥.
　　我　打　得　他　过。

90 ŋo˨ ta˨ pɤʔ˩ ko˥ tʻa˨.
　　我　打　不　过　他。
　　ŋo˨ ta˨ tʻa˨ pɤʔ˩ ko˥.
　　我　打　他　不　过。

91 ni˨ tɕʻi˨ xan˨ tʻa˨ ha˥ tsʅ˩˧.
　　你　去　喊　他　下　子。

niɥ tɕiˇ xanɥ haˇ tsʅ˙ t‘aɥ.
你 去 喊 下 子 他。

niɥ tɕiˇ xanɥ t‘aɥ iʔ˥ ʂənɥ.
你 去 喊 他 一 声。

niɥ tɕiˇ xanɥ iʔ˥ ʂəŋɥ t‘aɥ
你 去 喊 一 声 他。

92 keiɥ tsoˇ ʂanɥ meiɤ keiˉ tsoˇ ʂanɥ koɥ.
□这 座 山 没 □那 座 山 高。

keiɥ kɤʔ˙ ʂanɥ meiɤ keiˉ kɤʔ˙ ʂanɥ koɥ.
□这 个 山 没 □那 个 山 高。

93 pɛˇ tɕiʔ˥, ɕinɥ xəˊ tiʔ˥ tiʔ˥ ʂueiɥ tsɛˇ kanɥ.
别 急, 先 喝 滴 滴点儿 水 再 讲。

94 niɥ kɤʔ˥ iuɥ hinɤʔ
你 可 有 钱?

niɥ iuɥ mɤʔ˥ iuɥ hinɤʔ
你 有 没 有 钱?

95 niɥ kɤʔ˥ xəˊ iuɥ hinɤʔ ——ŋoɥ xuaɥ tɤʔ˙ tsʅˉ iuɥ
你 可 还 有 钱? —— 我 花 得 只 有

iʔ˥ k‘uɛˇ hinɤ lɛ˙.
一 块 钱 了。

niɥ xəʔ˥ iuɥ mɤʔ˥ iuɥ hinɤʔ ——ŋoɥ xuaɥ tɤʔ˙ hiuˉ
你 还 有 没 有 钱? —— 我 花 得 就

hʐənˇ iʔ˥ k‘uɛˇ hinɤ lɛ˙.
剩 一 块 钱 了。

96 iɥ hʐanɥ hʐanɥ iɥ kõɥ kɤʔ˙ lɛ˙, k‘uˇ tsʅ˙ xəʔ˥ mɤʔ˥
衣 裳 上 衣 十 个 了, 裤 于 还 没

kõɥ.
干。

iɥ hʐanɥ kuaˇ tsʅ˙ kõɥ kɤʔ˙ lɛ˙, k‘uˇ tsʅ˙ xəʔ˥ mɤʔ˥
衣 裳 褂 子 干 个 了, 裤 子 还 没

kõɥ.
干。

97　tʻa˧˩ hzoʏ˥ tse˧˩ iɿ˧˩ tsɿ˧˩ hz̩an˧˩.
　　他　坐　在　椅　子　上。
　　tʻa˧˩ hzoʏ˥ tse˧˩ iɿ˧˩ tsɿ˧˩ kɔ˧˩ li˧˩.
　　他　坐　在　椅　子　高　里上。

98　ni˧˩ hz̩ʅʏ˥ an˧˩ xuei˧˩ z̩en˥, ŋo˥ i˧˩v hz̩ʅʏ˥ an˧˩ xuei˧˩
　　你　是　安　徽　人，　我　也　是　安　徽
　　z̩en˥, tʻa˧˩ pɤʔɿ hz̩ʅʏ˥ an˧˩ xuei˧˩ z̩en˥.
　　人，　他　不　是　安　徽　人。

99　su˧˩ ne˧˩ su˧˩ nin˥ pɤʔɿ xɔ˥, sɯ˧˩ i˧˩ ne˧˩ sɯ˧˩ i˧˩
　　书　呢　书　念　不　好，　手　艺　呢　手　艺
　　hz̩uʔ pɤʔɿ huei˧˩, ni˧˩ ho˥ ni˧˩ kɔ˥　o˧˩?
　　学　不　会，　你　何　呢　搞怎么办 噢?
　　su˧˩ ne˧˩ su˧˩ nin˥ pɤʔɿ xɔ˥, sɯ˧˩ i˧˩ ne˧˩ sɯ˧˩ i˧˩
　　书　呢　书　念　不　好，　手　艺　呢　手　艺
　　hz̩uʔ pɤʔɿ huei˧˩, ni˧˩ lu˧˩ kɔ˥　o˧˩?
　　学　不　会，　你　炉　搞怎么办　噢?

100　tʂən˧˩ kɤʔɿ tsən˧˩ tsɿ˧˩ tʂɔ˥ kɤʔ˧˩ lɛ˧˩, tɯ˧˩ mei˥ tʂɔ˥
　　　整　个　村　子　找　个　过　了，都　没　找
　　　tɔ˧˩ tʻa˧˩.
　　　到　他。

第七章 安徽芜湖六郎方言语料标音举例

一 谜语、歌谣等

1 tiʔ˧ tiʔ˧ hɹɑˇ, tiʔ˧ tiʔ˧ hɹɑˇ, san˩ kan˩ uʔ˧, tən˩ pɤʔ˧
  滴　滴　大，滴　滴　大，三　间　屋，蹲　待　不
  hɑˇ
  下。（灯）

2 tɕiəʔ˧ tsˑɿ˧ miɿˇ maˑ˩, hɹɯ˩ tin˩ kan˩ tʂɑˇ, hue˩ liˑ˩
  脚　踩　米 □泥巴，头　顶　钢　叉，怀　里
  hvɔˇ tsʅˑ˩, u˩ tsʅˑ˩ la˩ səʔ˧.
  抱　子，胡　子　拉　撒。（六谷：玉米）

3 ma˩ uʔ˧ tsʅˑ˩, hən˩ tʂanˇ tsʅˑ˩, liˑ˩ minˑ˩ tən˩ kɤʔˑ˧
  麻　屋　子，红　帐　子，里　面　蹲住　个
  hvɤʔ˧ pʻanˇ tsʅˑ˩.
  白　胖　子。（花生）

4 iʔ˧ koˇ lɔ˩ hɹɯ˩ tsʅˑ˩ tɕiu˩ hzʅʔ˧ tɕiu˩, tʻin˩ tʻinˑ˩
  一　个　老　头　子　九　十　九，天　天
  tsɔ˩ hzanˑ˩ tɕiˑ˩ le˩ xəʔˑ˩ tɕiu˩.
  早　上　起　来　喝　酒。（水瓢）

5 iʔ˧ koˇ lɔ˩ hɹɯ˩ tsʅˑ˩ pəʔ˧ hzʅʔ˧ pəʔ˧, tʻin˩ tʻinˑ˩
  一　个　老　头　子　八　十　八，天　天
  tsɔ˩ hzanˑ˩ tɕiˑ˩ le˩ mõ˩ hɹiˑ˩ tʻəʔˑ˩.
  早　上　起　来　满　地　踏。（扫把）

6　ɕiɔ˩ xua˩ tɕi˩, ɕiɔ˩ xua˩ lɤ˧, tʂua˩ iʔ˨˩ pa˩ mi˩,
　　小　花　鸡，小　花　来，抓　一　把　米，

　　xan˩ ka˩ lɤ˧, ʂɔ˩ tɔ˥ ko˩ li˩ tən˩ hən˧ tɤʔ˨˩,
　　喊　家　来，烧　到　锅　里　通　红　的，

　　tʂʅʔ˥ tɔ˥ tsei˩ li˩ tʰɯ˥ ɕin˩ tɤʔ˨˩, uɛ˩ lɤ˧ li˩ lɤʔ˨˩ koɤ˥
　　吃　到　嘴　里　透　鲜　的，外　里　来　了　个

　　tʂɔ˩ tɕi˩ tɤʔ˨˩, ɕin˩ li˩ xɤ˥ tɤʔ˨˩ pən˩ pən˩
　　找　鸡　的，心　里　吓　的　蹦　蹦

　　tɤʔ˨˩.
　　的。(儿歌，描述小孩偷鸡的过程)

7　ɕiɔ˩ pan˧ tən˥ ɕiɔ˩ pan˧ tən˥ uɛ˩ uɛ, tʂu˩ xua˩
　　小　板　凳　小　板　凳　歪　歪，菊　花

　　tʂuʔ˥ xua˩ kʰɛ˩ kʰɛ˩, ɕin˩ nian˩ tsɿ˩ ni˩ tɕi˩ lɤ˧,
　　菊　花　开　开，新　娘　子　哎　你　起　来，

　　nian˧ ka˩ ko˩ ko˩ sən˩ xua˩ lɤ˧, hzne˧ mɤʔ˨˩ xua˩,
　　娘　家　哥　哥　送　花　来，什　么　花，

　　xɛ˩ hran˧ xua˩.
　　海　棠　花。(小孩哭时哄唱的儿歌)

8　tɕin˩ lin˧ tsʅ˩ tɕiɔ˩, tʂɤʔ˥ tsɔ˥ hɔɤ˥, tsɔ˩ hɔɤ˥ uan˩,
　　精　铃　子　蝉　叫，铡　早　稻，早　稻　晚，

　　mɛ˥ lɔ˩ nian˧. lɔ˩ nian˧ lɔ˩ nian˧ ni˩ piɛ˥ kʰuʔ˩,
　　卖　老　娘。老　娘　老　娘　你　别　哭，

　　san˩ tɕin˩ xən˩ hrõ˩ sʅ˩ tɕin˩ hzuʔ˥, pa˩ ni˩ koɤ˥ lɔ˥
　　三　斤　烘　团　四　斤　肉，把　你　个　老

　　pʰiʔ˥ tʂʅ˥ tɤʔ˨˩ xɔ˩ ɕian˩ fɤʔ˨˩.
　　劈＝吃　得　好　享　福。

9　liʔ˥ hia˥ san˩ tʰin˩ lin˩ kɔ˥ ɕian˩, ɕiɔ˩ mõ˩ iʔ˥ tɔ˥
　　立　夏　三　天　连　篙　响，小　满　一　到

　　pʰin˥ hri˥ tɕiɔ˩.
　　遍　地　焦。(立夏小满农忙时要抓紧忙，否则地就荒废了)

10　lin˥ hzu˩ kʰɛ˩ xua˩ ni˩ pɤʔ˥ tsoɤ, liɔ˩ tsʅ˩
　　楝　树　开　花　你　不　做，蓼　子一种野花，

第七章　安徽芜湖六郎方言语料标音举例

　　　　　　　kʻɛɹ˅ xuaɹ paɹ tɕiəʔ˧ toɤ.
六月到九月开花　开　　花　把　　脚　　跺。（错过了农时，来不及补救）

11　nyɹ ərɤ kʻuʔ˧, tʂənɹ ɕinɹ kʻuʔ˧, ɕiˀ˧ u·˩ kʻuʔ˧, tɕiaɹ
　　女 儿 哭，　真　心　哭，　媳　妇　哭，　假
　　kʻuʔ˧, iʔ˧ kɤʔ·˩ ŋanɹ tɕinɹ kʻuʔ˧, iʔ˧ kɤʔ·˩ ŋanɹ tɕinɹ
　　哭，　一　个　眼　睛　哭，　一　个　眼　睛
　　kʻõɹ kɛ·˩ tʂuɹ hɯɯ·˩ hzuʔ˧.
　　看　个着 猪　　头　肉。（形容女儿、媳妇在哭丧时态度不同）

12　kueiɤ ynɹ liʔ˧ tʂʅɹ paɹ tʂʻuʔ˧ mənɹ, uɛɹ tseiɹ pa·˩
　　桂　圆　荔　枝　把　出　　门，　歪　嘴　巴
　　mɔɹ hrɔɹ tʻo·˩ tɕinɹ le·˩.
　　毛　桃　讨　　进　　来。（女儿出嫁时妈妈哭嫁语，喻跟儿媳相比自己女儿是宝贝）

　　kueiɤ ynɹ liʔ˧ tʂʅɹ pɤʔ˧ kʻɛɹ˅ xuaɹ, uɛɹ tseiɹ pa·˩ mɔɹ
　　桂　圆　荔　枝　不　开　　花，　歪　嘴　巴　毛
　　hrɔɹ hzueiɤ hrõɹ ŋaɹ.
　　桃　坠　　断　　桠。（儿媳反驳哭嫁的婆婆，喻女儿再好也不可替代儿媳为自家传宗接代）

13　mɔɹ leɹ hzuanɹ, kuɹ leɹ fuɤ, tʂuɹ leɹ pʻiɹ maɹ
　　猫　来　穷，　狗　来　富，　猪　来　披　麻
　　puɤ.
　　布。（要死人了）（家中来了不同的牲口，预示着不同的情况将要发生）

14　pɤʔ˧ tʂʻuʔ˧. iʔ˧ tinɹ˅ tinɹ. lianɹ ko·˩, sanɹ˅ ɕinɹ, sʅɹ
　　不　　出。一　点　点。两　个，　三　星，　四
　　tɕiɤ leɹ hzɛɹ, uɹ kʻueiɤ ʂɯɹ, liuɹɤ liuɹ, tɕʻio·˩ tɕʻiʔ˧,
　　季　来　财，　五　魁　　首，　六　六，　巧　七，
　　pəʔ˧ maɹ, tɕiuɹ nɔɹ, mõɹ hranɹ.
　　八　马，　九　脑，　满　堂。（划拳用语）

二　民俗

sə↗˧˥ tsɔ↘˧˩ kən↙˩˧ u↗˧˥ sə↘˧˩
送　　灶　　公　　　菩　　萨

lə↘˧˩ y↘˧˩ ər↗˧˥ hz̩↙˩˧ ɣe↙˩˧ sə↘˧˩, i↘˧˩ põ↙
腊　　月　　二　　十　　三　　送　　灶　　公　　菩　　萨，　一　　般

tɤ↘˧˩ iu↙˩˧ koɣ↗˧˥ hrɔ↗˧˥ hz̩↘˧˩ sən↙˩˧ i↘˧˩ tʂaŋ↙˩˧ u↙˩˧ lɛ↙˩˧, t'ue↙˩˧ tʂ̩↘˧˩ niu↙
的　　有　　个　　道　　士　　送　　一　　张　　符　　来，通　　知　　你

ka↙˩˧ kən↙˩˧ tʂɔ↙˩˧ ɣɤ↘˧˩ sən↙˩˧ tsɔ↘˧˩ kən↙˩˧ u↗˧˥ sə↘˧˩ lɤʔ↘˧˩. tõ↙˩˧ i↘˧˩ õ↙
家　　今　　朝今天　要　　送　　灶　　公　　菩　　萨　　了。　端　　一　　碗

mi↙˩˧ pa↙˩˧ hrɔ↗˧˥ hz̩↘˧˩ tsɤ↘˧˩ uei↙˩˧ tʂ'ɯ↙˩˧ lɔ↙˩˧ fei↘˧˩. ka↙˩˧ li↙˩˧ tʂaŋ↙
米　　把给　道　　士　　作　　为　　酬　　劳　　费。　家　　里　　长

pei↗˧˥ uan↙˩˧ hz̩an↘˧˩ pa↙˩˧ kei↗˧˥ tʂan↙˩˧ u↙˩˧ la↗˧˥ tɤ↘˧˩ ʂɯ↙˩˧ li↙˩˧ tɔ↙˩˧
辈　　晚　　上　　把　　□那　张　　符　　拿　　得　　手　　里　　到

tsɔ↘˧˩ mei↗˧˥ li↘˧˩　　 tsɔ↘˧˩ piŋ↙˩˧ ha↘˧˩ t'ue↙˩˧ tʂ̩↘˧˩ ha↘˧˩ ts̩↘˧˩ tsɔ↘˧˩ kən↙
灶　　煤　　里厨房　　灶　　边　　下　　通　　知　　下　　子　　灶　　公

u↗˧˥ sə↘˧˩: kən↙˩˧ tʂɔ↙˩˧ sən↙˩˧ ni↙˩˧ hz̩an↗˧˥ t'iŋ↙˩˧. zan↙˩˧ hɯ↙˩˧ pa↙˩˧ u↙
菩　　萨:　今　　朝　　送　　你　　上　　　　天。　然　　后　　把　　菩

sə↘˧˩ la↙˩˧ tɔ↙˩˧ uɜ↙˩˧ li↙˩˧　　 i↘˧˩ koɣ↙˩˧ k'əŋ↙˩˧ tʂ'aŋ↙˩˧ ts̩↘˧˩, k'ə↘˧˩ kɤʔ↘˧˩
萨　　拿　　到　　外　　里外边　一　　个　　空　　　场　　　子，　磕　　个

hrɯ↙˩˧, tsɤʔ↘˧˩ i↘˧˩ kɤʔ↘˧˩ i↘˧˩, tɕ'i↙˩˧ lɛ↙˩˧ faŋ↙˩˧ p'ɔ↘˧˩ tʂu↘˧˩, pa↙˩˧ kei↗˧˥
头，　作　　一　　个　　揖，　起　　来　　放　　炮　　竹，　把　　□那

kɤʔ↘˧˩ u↙˩˧ tɕia↙˩˧ tiŋ↘˧˩ ts'ɔ↗˧˥ tʂ̩↘˧˩ kɤʔ↘˧˩ tsɛ↘˧˩ i↘˧˩ tei↙˩˧ ʂɔ↙˩˧ tɤʔ↘˧˩
个　　符　　加　　点　　草　　纸　　搁　　在　　一　　堆一块烧　得

k'ɜ↘˧˩, hiu↗˧˥ ka↙˩˧ tɕ'i↙˩˧ tɤʔ↘˧˩.
去，　就　　家　　去回家　的。

第七章　安徽芜湖六郎方言语料标音举例

koˇ ninˊ
过　年

　　ləʔˋ yʔˋ hzʅʔˋ tɕi·ʔˋ tanˋ hzənˊ. iʔˋ põˇ tɤʔˋ hzʅˊ fuˇ
　　腊　月　十　七　掸　尘。一　般　的　是　妇

nyˊ kaˋ tsoˇ tɤʔ·ˋ, laˋ iʔˋ koˇ tʂuʔˋ kɔˋ tsɿ·ˋ hzanˊ minˊ
女　家　做　的，拿　一　个　竹　篙　子　上　面

panˊ iʔˋ koˇ sɔˇ paˋ, paˋ hvanˊ tinˋ hzˌan·ˋ xueiˋ tanˋ kõˋ
绑　一　个　扫　把，把　房　顶　上　灰　掸　干

(h)in·ˋ tɤʔ·ˋ, paˋ kaˋ liˋ hriˇ haˋ tuˋ sɔˋ kõˋ (h)in·ˋ
净　的，把　家　里　地　下　都　扫　干　净

tɤʔ·ˋ, tanˋ hzənˊ hiuˇ tanˋ xɔˋ kɤʔˋ lɤʔ·ˋ.
的，掸　尘　就　掸　好　个　了。

　　ər̩ˇ hzʅʔˋ sanˋ hiuˇ hzʅˋ sənˋ tsoˇ, koˇ kɤʔˋ sənˋ
　　二　十　三　就　是　送　灶，过　个　了　送

tsoˇ kaˋ liˋ neˑzˊ hiuˇ kiˇ tʂuənˋ pei·ˋ ninˊ xoˋ lɤʔ·ˋ. iuˇ
灶　家　里　人　就　要　准　备　年　货　了。有

hinˊ tɤʔ·ˋ zənˊ kaˋ hiuˇ ʂəʔˋ iʔˋ hruˊ tʂuˋ, mɤʔˋ hinˊ
钱　的　人　家　就　杀　一　头　猪，没　钱

tɤʔ·ˋ hiuˇ tɔˋ ueˇ hruˊ ta·ˋ iʔˋ tinˋ hzuʔˋ. iʔˋ põˇ tɤʔˋ
的　就　到　外　头　打　一　点　肉。一　般　的

koˇ ninˊ zənˊ kaˋ tuˋ kiˇ ʂəʔˋ tɕiˋ, iʔˋ tʂʅʔˋ kənˋ tɕiˋ, iʔˋ
过　年　人　家　都　要　杀　鸡，一　只　公　鸡，一

tʂʅʔˋ mouˋ tɕiˋ. kənˋ tɕiˋ zuenˋ le·ˋ tɕinˇ sɔʔˋ tɤʔ·ˋ,
只　母　鸡。公　鸡　用　来　清　菩　萨　的，

mouˋ tɕiˋ zuenˋ leˋ tɕinˇ tsuˋ sənˋ tɤʔ·ˋ. ʂəˋ sənˋ kʰuˋ
母　鸡　用　来　请　祖　先　的。杀　牲　口

hiuˇ ʂəʔˋ toˇ ər̩ˇ hzʅʔˋ pəʔˋ hiuˇ tɕiʔˋ ʂuʔˋ lɤʔ·ˋ, ər̩ˇ
就　杀　到　二　十　八　就　结　束　了，二

hzʅʔˋ pəʔˋ iˋ huˇ hiuˇ pɤʔˋ nənˋ tɕinˇ ɕyʔˋ lɤʔ·ˋ, tɕinˇ
十　八　以　后　就　不　能　见　血　了，见

çyʔ˧ hiu˦ pɤʔ˧ tɕiʔ˧ li˧ lɤʔ˙˩.
血　就　不　吉　利　了。

　　hra˦ nin˦ san˨ hzʅʔ˧ tsɔ˨ hzan˙˩ tɕi˨ lɛ˧, nõ˧˥ sʅ˨
　　大　年　三　十　早　上　起　来，男　斯
ka˨　t·iʔ˧ mən˦ tei˦ tsʅ˙˩, fu˦ ny˦ ka˨　hzɤ˦ ka˨ li˨
家男人们　贴　门　对　子，妇　女　家女人们　在　家　里
ṣɔ˧˥ ko˨. tɔ˨ ha˦ u˙˩ lian˨ san˨ tin˧˥ tʂəŋ˨, ka˨ li˨ hvan˦
烧　锅。到　下　午　两　三　点　钟，家　里　饭
ṣɔ˨ xɔ˦ lɤʔ˙˩, hiu˦ iɔ˨ tɕ·in˦ tsu˨ sən˨ lɤʔ˙˩. pa˨ ka˨ li˨
烧　好　了，就　要　请　祖　先　了。把　家　里
tʂʅʔ˧ hvan˦ tɤʔ˙˩ hrɛ˧˥ tsʅ˙˩ pɛ˨ tɔ˨ hran˦ hin˙˩ tʂən˧˥ tɕin˨,
吃　饭　的　台　子　摆　到　堂　前客厅 中　间，
pa˨ tɕ·in˨ tsu˨ sən˨ tɤʔ˙˩ ts·ɛ˧˥ tõ˨ tɔ˨ hrɛ˧˥ tsʅ˙˩ kɔ˨ li˨
把　请　祖　先　的　菜　端　到　台　子　高　里上
lɛ˧, iʔ˧ põ˨ tɤʔ˙˩ tɕ·in˦ tsu˨ sən˨ iu˨ sʅ˧˥ ko˦ ts·ɛ˧, tɕi˨、
来，一　般　的　请　祖　先　有　四　个　菜，鸡、
ẓu˧, hẓuʔ˧, yn˧˥ tsʅ˙˩, pɛ˨ tse˙˩ hrɛ˧˥ tsʅ˙˩ tan˨ tʂəŋ˨. la˦
鱼、肉、圆　子，摆　在　台　子　当　中。拿
san˨ ko˦ tɕiu˨ pei˨, p·ɔ˨ san˨ õ˨ hvan˦, la˦ san˨ ʂuan˨
三　个　酒　杯，泡　三　碗　饭，拿　三　双
k·ua˨ tsʅ˙˩, pɛ˨ san˨ xua˨, tei˦ tɤʔ˙˩ hra˦ mən˦ tɤʔ˙˩ iʔ˧
筷　子，摆　三　花　边，对　得　大　门　的　一
xua˨ k·ən˦ kɛ˙˩. ka˨ li˨ tʂan˨ pei˨ tʂan˨ tse˧˥ ka˨ li˨ lin˨
花　边　空　个着。家　里　长　辈　站　在　家　里　脸
tei˦ uɛ˦ min˙˩ kəʔ˧ iʔ˧ kɤʔ˙˩ hrɯ˦, tɕ·in˨ tsu˨ sən˨ ka˨
对　外　面　磕　一　个　头，请　祖　先　家
lɛ˧ tʂʅʔ˧ hvan˦. ka˨ li˨ tʂan˨ pei˨ tʂan˨ tse˧˥ hvan˦ ha˙˩
来　吃　饭。家　里　长　辈　站　在　旁 下旁边
hu˦ iʔ˧ sɤʔ˧ niʔ˩, tən˨ tsu˨ sən˨ hvan˦ tʂʅʔ˧ xɔ˦ lɤʔ˙˩
候　一　色　日会儿，等　祖　先　饭　吃　好　了
tse˦ k·əʔ˧ iʔ˧ kɤʔ˙˩ hrɯ˦, pa˨ tsu˨ sən˨ sən˨ tsu˨. tʂan˦
再　磕　一　个　头，把　祖　先　送　走。长

peiꜛ tɔꜜ ueꜛ ɕɔꜛ minꜛ·ɕɔꜜ lənꜛ iaŋ p'ioꜛ tsʅ·ɪ, fanꜛ p'ɔꜜ
辈　到　外　面　烧　龙　阳　票　子冥币，放　炮
tʂuʔꜞ, hiuꜛ tɕiʔꜞ ʂuʔ lɤʔ·ɪ.
竹，　就　结　束　了。

　　tɕ'inꜛ tsɯꜛ sənꜛ koꜛ huɤꜛ, kaꜜ liꜜ tɤʔ·ɪ tʂanꜜ peiꜜ iɔꜜ
　　请　祖　先　过　后，家　里　的　长　辈　要
kaꜜ liꜜ tɤʔ·ɪ zənꜛ paꜜ hɣɛꜛ tsʅꜛ kɔꜜ kõꜜ hinꜛ tɤʔ·ɪ, kənꜜ
家　里　的　人　把　台　子　搞　干　净　的，跟
tɤʔ·ɪ huɤꜛ minꜛ hiuꜛ iɔꜜ tɕ'inꜛ uɤꜛ səʔ lɤʔ·ɪ. hɣɛꜛ tsʅꜛ
的　后　面　就　要　请　菩　萨　了。台　子
kɔꜜ kõꜜ hinꜛ lɤʔ·ɪ i huɤꜛ, paꜜ tɕ'inꜛ uɤꜛ səʔ tɤʔ·ɪ tənꜜ
搞　干　净　了　以　后，把　请　菩　萨　的　东
ɕi·ɪ peꜜ tɔꜜ hɣɛꜛ tsʅ·ɪ hzanꜛ le. tɕ'inꜛ uɤꜛ səʔ iuꜜ sanꜜ
西　摆　到　台　子　上　来。请　菩　萨　有　三
ianꜛ tənꜜ ɕi·ɪ, hɣiꜛ iʔ ianꜛ hanꜛ tʂu hɣɯꜛ, hɣiꜛ ərꜛ ianꜛ
样　东　西，第　一　样　咸　猪　头，第　二　样
hanꜛ zuꜜ, hɣiꜛ sanꜜ ianꜛ hanꜛ tɕiꜜ, sanꜜ ianꜛ tənꜜ ɕi·ɪ peꜜ
咸　鱼，第　三　样　咸　鸡，三　样　东　西　摆
tɔꜜ hɣɛꜛ tsʅꜛ hzanꜛ iꜜ huɤꜛ, hɣɛꜛ tsʅꜛ kɔꜜ liꜜ hzɔꜜ
到　台　子　上　以　后，台　子　高　里上　朝
·ɪ hɣaꜛ mənꜛ kei iʔ xuaꜜ tɔꜛ sanꜜ peiꜜ hzaꜛ, kɔꜜ xɔꜜ lɤʔ·ɪ
大　门　□那　一　花　边　倒　三　杯　茶，搞　好　了
iꜜ huɤꜛ, tʂanꜜ peiꜜ teiꜜ ueꜛ minꜛ k'əʔ hɣɯꜛ tɕ'inꜛ uɤꜛ
以　后，长　辈　对　外　面　磕　头　请　菩
səʔ hueiꜛ kaꜜ tʂʅ·ɪ kənꜜ p'inꜜ, tʂanꜜ peiꜜ tsɜꜛ pinꜜ ha·ɪ
萨　回　家　吃　页　品，长　辈　在　边　下旁边
tənꜜ iʔ sɤʔ niꜞ, koꜛ iʔ sɤʔ niꜞ hiuꜛ sənꜛ uɤꜛ səʔ
等　一　色　日会儿，过　一　色　日会儿　就　送　菩　萨
tsɯꜜ, teiꜜ ueꜛ hɣɯꜛ k'əʔ iʔ kɤʔ hɣɯꜛ, fanꜛ p'ɔꜜ tʂuʔꜞ,
走，对　外　头　磕　一　个　头，放　炮　竹，
ɕɔꜜ ɕianꜜ, hiuꜛ tɕiʔꜞ ʂuʔ lɤʔ·ɪ.
烧　香，就　结　束　了。

tɕin˧˩ u˨˩ sə˧˩ ko˧˩ hu˧˩, tʂan˨ pei˨ fən˨ fu˨ ka˨ li˨
请　　菩　　萨　　过　　后，　长　辈　盼　咐　家　里

zən˨ pa˨ ka˨ li˨ ta˧˩ sɔ˨ kõ˨ hin˧˩, hiu˧˩ tʂuen˨ pei˨ tʂʅ˧˩
人　把　家　里　打　扫　干　净，　就　准　备　吃

nin˨ iɤ hvan˨ lɤʔ˧˩. tsɛ˨ ŋoɤ mən˨ ka˨ tʂʅ˧˩ nin˨ iɤ hvan˨
年　夜　饭　了。 在　我　们　家　吃　年　夜　饭

hra˨ kɤ˨ u˨ lɤʔ˧˩ tin˨ tʂən˨ ian˨ tsʅ˨, tʂʅ˧˩ nin˨ iɤ hvan˨
大　概　五　六　点　钟　样　子，　吃　年　夜　饭

hrɛ˧˩ tsʅ˧˩ kɔ˨ li˨ iʔ˧˩ põ˨ tʂʅʔ˧˩ fən˨ tsɛ˧˩, hrɛ˧˩ piɔ˨
台　子　高　里上　一　般　十　份　菜，　代　表

tʂʅʔ˧˩ tʂʅʔ˧˩ hyn˨ hyn˨ tɤʔ˧˩, tʂu˨ tsɛ˧˩ tɕi˨, zu˨, hzu˧˩、
十　十　全　全　的， 主　菜　鸡、　鱼、　肉、

yn˧˩ tsʅ˧˩ tɕia˨ su˨ tsɛ˧˩ tʂɔ˧˩ tsɛ˧˩. ŋoɤ mən˨ ɕiɔ˨ tʂʅ˨ hu˨
圆　子　加　素　菜　炒　菜。 我　们　小　时　候

ka˨ li˨ iʔ˧˩ hrin˨ iɔ˨ ʂɔ˨ pəʔ˧˩ pəʔ˧˩ tsɛ˧˩, hiu˧˩ tʂʅ˧˩ hzu˧˩
家　里　一　定　要　烧　八　八　菜，　就　是　肉

sʅ˨ kən˨ hvɤʔ˧˩ lo˨ po˨ sʅ˨ iʔ˧˩ kʰuɤ˨ ʂɔ˨ tɤʔ˧˩. iʔ˧˩ ka˨ zən˨
丝　跟　白　萝　卜　丝　一　块　烧　的。 一　家　人

hzo˨ tsɛ˧˩ iʔ˧˩ tɕi˨, ti˨ ti˨ nɤ˨ nɤ˨ hzo˨ tsɛ˧˩ hzan˨ huən˨
坐　在　一　起，　爹　爹　奶　奶　坐　在　上　横

hrɯ˨, tiɛʔ˧˩ tiɛʔ˧˩ hzo˨ tsɛ˧˩ hiʔ˧˩ kɔ˨ li˨, ma˨ ma˨ hzo˨
头， 爹　爹　坐　在　一　席　高　里上，　妈　妈　坐

tsɛ˧˩ ər˨ hi˧˩ kɔ˨ li˨, iʔ˧˩ ka˨ zən˨ tən˨ tsɛ˧˩ iʔ˧˩ tɕi˨
在　二　席　高　里上，　一　家　人　蹲待　在　一　起

man˧˩ man˨ tɤʔ˧˩ tʂʅʔ˧˩ nin˨ iɤ hvan˨, kan˨ kan˨ kən˨ nin˨
慢　慢　地　吃　年　夜　饭，　讲　讲　今　年

tɤʔ˧˩ hzʅ˧˩, tsɛ˨ kan˨ kan˨ lɤ˨ nin˨ tsɔ˨ mɤʔ˧˩ hzʅ˧˩. ɕiɔ˨ ka˨
的　事，　再　讲　讲　来　年　做　么　事。 小　家

xo˨ tʂʅʔ˧˩ ko˨ lɤʔ˧˩ iɔ˨ uan˨ tɕʰi˨ lɤʔ˧˩, hra˨ zən˨ kan˨ pɤʔ˧˩
伙　吃　过　了　要　玩　去　了，　大　人　讲　不

nən˨ tsɯ˨, tʂʅʔ˧˩ nin˨ iɤ hvan˨ iɔ˨ man˧˩ man˨ tɤʔ˧˩ tʂʅʔ˧˩,
能　走，　吃　年　夜　饭　要　慢　慢　地　吃，

第七章　安徽芜湖六郎方言语料标音举例

pɤʔ˩ hian˨ tʂʅʔ˩ hvyn˨ hzan˨ tɤʔ˙ hvan˨, lɔ˨ zən˨ ka˨
不　像　吃　平　常　的　饭，老　人　家

kan˨, nin˨ i˙ hvan˨ nin˨ i˙ hvan˨ ci˨ tʂʅʔ˩ tɤʔ˙ man˨. ka˨
讲，年　夜　饭　年　夜　饭　要　吃　得　慢。家

li˨ hɻa˨ zən˨ kan˨ pəʔ˩ ciɔ˨ ka˨ xo˨ tˢin˨, hvyn˨ hzan˨
里　大　人　讲　把给　小　家　伙　听，平　常

kɤʔ˩ zən˨ tʂʅʔ˩ hvan˨ man˨, zən˨ ka˨ ma˨ ni˨, ni˨ ləʔ˩
个那　人　吃　饭　慢，人　家　骂　你，你　拉

tʂʅʔ˩ nin˨ i˨ hvan˨ a! hiu˨ hzʅ˨ kan˨ tʂʅʔ˩ nin˨ hvan˨
吃　年　夜　饭　啊！就　是　讲　吃　年　夜　饭

hiu˨ iɔ˨ man˨, hiu˨ kei˨ ian˨, ka˨ li˨ zən˨ tsɛ˨ iʔ˩ tɕi˨
就　要　慢，就　□那　样，家　里　人　在　一　起

kuəʔ˩ kuə˨. hvan˨ tʂʅʔ˩ ko˨ i˨ hu˨ ka˨ li˨ zən˨ iʔ˩ tɕi˨
聒　聒闲聊。饭　吃　过　以　后　家　里　人　一　起

pa˨ hɻɤ˨ tsʅ˙ kɔ˨ kõ˨ hin˙ tɤʔ˙, kei˨ sɤʔ˩ ni˨ tʂan˨ pei˨
把　台　子　搞　干　净　的，□那　色　日时候　长　辈

hiu˨ kan˨, pɛ˨ tʂu˨ tɕiˇ uan˨ tɕi˙ lɛ˙, ŋo˨ mən˙ iʔ˩ ka˨
就　讲，别　出　去　玩　去　了，我　们　一　家

zən˨ tsɛ˨ iʔ˩ tei˨ ʂɯ˨ hzɤ˨, tʂan˨ pei˨ hiu˨ tʂuən˨ pei˨
人　在　一　堆一起　守　财。长　辈　就　准　备

xo˨ lɯ˨, iʔ˩ ka˨ zən˨ uei˨ tsɛ˨ iʔ˩ tei˨ kuəʔ˩ hɻan˨, tʂan˨
火　炉，一　家　人　围　在　一　堆　聒　蛋聊天，长

pei˨ tɕi˨ tin˨ cian˨ iu˨ tən˨, mei˨ ko˨ hvan˨ kan˨ tɯ˨
辈　去　点　香　油　灯，每　个　房　间　都　要

tin˨, piɔ˨ ɿ˨ mõ˨ hɻan˨ hən˨. tin˨ xɔ˨ lɤʔ˩ i˨ hɯ˨, iʔ˩
点，表　示　满　堂　红。点　好　了　以　后，

tʂʅ˩ kuəʔ˩ hɻan˨, kuəʔ˩ tɔ˙ kˢɤ˨ hzɤ˨ mən˙. xo˨ lɯ˨ tsʅ˙
直　聒　蛋聊天，聒　到　开　财　门。火　炉　子

pɛ˨ tɔ˙ hɻan˨ hin˙ tsɔ˙ uo˨ tsʅ˙ li˨ min˙, iʔ˩ ka˨ zən˨ tɯ˨
摆　到　堂　前　草　窝　子　里　面，一　家　人　都

hzo˨ tɔ˙ li˨ min˙, kuəʔ˩ kuəʔ˩ hɻan˨. kei˨ kɤʔ˩ hzʅ˨ hu˙
坐　到　里　面，聒　聒　蛋。□那　个　时　候

tʂanˎ peiˏ paˎ uanˎ peiˏ ŋəɦ tˢeiˏ hinˎ, ŋəɦ tˢeiˏ hinˎ tseˎ
长　辈　把给 晚　辈　压　岁　钱，压　岁　钱　在

tʂʅʔˋ ninˎ iˏ hvanˎ tɤˋ·ˏ hzˎ tʂˋ muˏ paˎ iˎ tʂuəˎ. ʂuˏ iˏ tˢuˎ
吃　年　夜　饭　的　时　候　把　也　中。 守　夜　到

iʔˋ hrinˎ hzˋ muˏ, paˎ hraˏ mənˎ kuanˎ kɤˋ·, tuɯˎ tɕiˏ
一　定　时　候，把　大　门　关　个 了，都　去

uɛˎ kɔˏ le·ˋ. ɕiˏ iʔˋ sɤˋ niˏʔ, hraˏ kɤˏ hzˋ ɻeˎ tinˎ
歪睡 觉　了。 歇　一　色 日会儿， 大　概　十　二　点

koˏ huɯˎ, kaˎ liˋ tʂanˎ peiˏ tɕiˋ kˋ·ˏ hzɤˎ. kˋ·ˎ
过　后，家　里　长　辈　起　来　开　财　门。 开

hzɤˎ mənˎ ɕinˎ hzɤˏ kaˎ liˋ ɯˋ sanˎ peiˎ hzaˎ, kɤʔˋ hrɛˎ
财　门　先　在　家　里　倒　三　杯　茶，搁　台

tsʅˋ· kɔˎ li·ˋ, tseˏ tinˎ lianˎ kənˎ ləˋ tʂuˋ kɤʔˋ tseˎ hrɛˎ
子　高　里上，再　点　两　根　蜡　烛　搁　在　台

tsʅˋ· kɔˎ li·ˋ, tʂanˎ peiˏ teiˏ uɛˎ kˋ·ʔˋ kɤʔˋ hruɯˎ, tɕinˎ
子　高　里上，长　辈　对　外　磕　一　个　头，请

hzɤˎ hzˋ·ˎ uˎ səʔˋ kaˎ ɤˏ, hruɯˎ k·ˋ·ˏ kɔˎ ɤˏ, paˎ
财　神　菩　萨　家　来，头　磕　好　个 了，把

hraˏ mənˎ k·ˋ·ˏ, ɔˋ uɛˏ liˋ· fanˎ pʰˎ tʂuˋ, ʂɔˋ
大　门　开　开，到　外　里　放　炮　竹，烧

ɕianˎ, hraˏ mənˎ iʔˋ hzˋ kˋ·ˏ ɔˋ tʰinˎ lianˎ, hiuˋ pɤʔˋ
香，大　门　一　直　开　到　天　亮，就　不

nənˎ kuanˎ lɤʔˋ·. hraˏ ninˎ tsuɯˎ iˋ hynˎ puˏ tɕiˎ
能　关　了。 大　年　初　一　全　部　起

hzuanˎ, tʂʅʔˋ tsɔˎ hvanˎ, tsɔˎ hvanˎ tʂʅʔˋ tɕiɔˎ tsʅˋ, iuˏ
床， 吃　早　饭， 早　饭　吃　饺　子，有

tɤʔˋ kaˎ tʂʅʔˋ minˎ hriɔˎ, uɛˎ tɕiaˎ iˋ ɕiˎ uˎ ɕianˎ hranˎ.
的　家　吃　面　条， 外　加　一　些　五　香　蛋。

tʂʅʔˋ koˏ hvanˎ leˎ, hraˏ ɻənˎ hiuˋ hzɤˏ iʔˋ tɕiˏ kuəˎ
吃　过　饭　了， 大　人　就　在　一　起　聒

kuəʔˋ hranˎ, ɕiɔˎ tɕiaˎ xoˎ laˎ iʔˋ koˏ õˏ, li·ˏ tənˎ sʅˋ
聒　蛋聊天，小　家　伙　拿　一　个　碗，碗　里　蹲放 四

uɿ koɤ uɿ ɕianɿ hrɤɿ, tɔɤ kaɿ liɿ tʂanɿ peiɤ kaɿ pɤɤ ninɿ.
五 个 五 香 蛋， 到 家 里 长 辈 家 拜 年。
tɔɤ kə·ɿ tʂanɿ peiɤ kaɿ, teiɤ tʂanɿ peiɤ k·ə·ɿ iʔ ɿ kʏʔ·ɿ hrɯɿ,
到 个 了 长 辈 家， 对 长 辈 磕 一 个 头，
tɤɤ niɿ pɤɤ ninɿ leɿ, ɿ, tʂanɿ peiɤ paɿ tinɿ ŋəʔ seiɤ hinɿ paɿ
带 向 你 拜 年 了， 长 辈 把 点 压 岁 钱 把
ɕioɿ tɕiaɿ xoɿ, ɕioɿ tɕiaɿ xoɿ k·uəɤ xoɤ sɿɤ lʏʔ·ɿ, hiuɤ kaɿ
小 家 伙， 小 家 伙 快 活 死 了， 就 家
tɕiɤ lʏʔ·ɿ.
去 了。

hrɤʏ ninɿ tsɯɿ ərɤ tɕiɤ tɕinɤ tɕiʔɿ kaɿ pɤɤ ninɿ, pɤɤ
大 年 初 二 去 亲 戚 家 拜 年， 拜
ninɿ ŋoɿ mən·ɿ iuɯ tɕiɤ sən tɕiʔ, nianɿʟ hiuɤ kaɿ, kuɿ
年 我 们 又 叫 送 节， 娘 舅 家， 姑
tsɿ·ɿ kaɿ, aɿ iɿ kaɿ, sən tɕiʔ tɤɤ tinɿ inɿ、tɕiuɿ、hvʏʔ
子 家， 阿 姨 家， 送 节 带 点 烟、酒、白
hranɿ、tɕioɿ sɿɤ hranɿ, iuɤ tɕioɿ maɿ sɿɤ hranɿ, paɿ keiɿ
糖、绞 丝 糖， 又 叫 麻 丝 糖， 把 □这
ɕi·ɿ tənɿ ɕi·ɿ sənɤ tɔɤ tɕinɿ tɕiʔɿ kaɿ. tsɤɤ tɕinɤ tɕiʔɿ kaɿ
些 东 西 送 到 亲 戚 家。 在 亲 戚 家
tʂɿɤ iʔ ts·anɿ pʊeiɿ hvanɿ, hiuʏ kaɿ ɜɿ lʏʔ·ɿ. linɿ tsɯɿ tʏʔ·ɿ
吃 一 餐 中 饭， 就 家 来 了。 临 走 的
hzɿɿ hɯɤ tɕinɿ tɕiʔ kaɿ ioɤ pɔɤ tinɿ ŋəʔ seiɤ hinɿ paɿ
时 候 亲 戚 家 要 包 点 压 岁 钱 把
ɕioɿ tɕiaɿ xo·ɿ. sən tɕiʔ tsɯɤ tɕiʔ pʏʔ tʂ·uʔ mən, tsɯɿ
小 家 伙。 送 节 初 七 不 出 门， 初
pə hze zneɿ kaɿ hiuʏ pʏʔ hueiɿ kaɿ, tsɯɿ tɕiuɿ iʏʔ
八 在 人 家 就 不 回 家， 初 九 也 不
ioɤ tʂ·uʔ mənɿ, tʂ·uʔ mənɿ zuanɿʟ iɿ tʂɔɤ hzɿɿ feiɿ, iuɿ ɕi
要 出 门， 出 门 容 易 招 是 非， 有
koɤ hzuenɤ k·ɯɤ liuɿ "tɕiʔ pʏʔ tʂ·uʔ, pəʔ pʏʔ kueiɿ,
个 顺 口 溜 "七 不 出， 八 不 归，

tsʮ˨ tɕiu˨ tʂuʔ˥ mən˨ tʂɔ˨ hzʅ˧˥ fei˨". sən˨ tɕiʔ˥ tsei˧˥
初　九　出　门　招　是　非"。送　节　最

ŋaŋ˨ sən˨ tɔ˨ tʂən˨ yʔ˥ hzʅʔ˥ u˨, ko˨ ɕiɔ˨ nin˨ kɤʔ˨ hzʅ˨
晏迟 送 到 正 月 十 五，过 小 年 个的 时

hʮ˨, ko˨ kɛ˨ ɕiɔ˨ nin˨ hiu˧˥ pɤʔ˥ nən˨ sən˨ tɕiʔ˥ lɤʔ˨,
候， 过 个了 小 年 就 不 能 送 节 了，

sən˨ tɕiʔ˥ zən˨ ka˨ i˨ iu˨ ts·ɤ˧ tsɔ˨ hɹɛ˧˥ ni˨ lɤʔ˨,
送 节 人 家 已 没 有 菜 招 待 你 了，

iu˨ ko˨ hzuən˨ k·ʮ˨ liu˨, "sən˨ tɕiʔ˥ sən˨ tɔ˨ yʔ˥ põ˧˥
有 个 顺 口 溜， "送 节 送 到 月 半

pin˨, tʮ˨ kɛ˨ p·i˨ ku˨ uan˨ uɛ˨ ɕin˨". tʂən˨ yʔ˥ hzʅʔ˥ u˨
边， 兜 个 屁 股 往 外 掀。"正 月 十 五

ko˨ ɕiɔ˨ nin˨, hzʅʔ˥ sʅ˨ hiu˧˥ hzʅ˨ ɕiɔ˨ nin˨ tɤʔ˥ san˨
过 小 年， 十 四 就 是 小 年 的 三

hzʅʔ˥ uan˨ hzan˨, iʔ˥ ka˨ zən˨ tsɛ˨ iʔ˥ tei˨ tʂʅ˨ t·õ˧˥ yn˨
十 晚 上， 一 家 人 在 一堆一起 吃 团 圆

hvan˨, hzʅʔ˥ u˨ tsɔ˨ hzan˨ i˨ iɔ˨ k·ɛ˨ hzɛ˨ mən˨, fan˨ p·ɔ˨
饭， 十 五 早 上 也 要 开 财 门、 放 炮

tʂuʔ˥, ɕiɔ˨ nin˨ ko˨ lɤʔ˨, hiu˧˥ tən˨ zu˨ nin˨ ko˨ uan˨
竹， 小 年 过 了， 就 等 于 年 过 完

lɤʔ˨. kɛ˨ tsɔ˨ hzʅ˧˥ tɤʔ˥ hiu˧˥ tsɔ˨ hzʅ˧˥ lɤʔ˨.
了。 该 做 事 的 就 做 事 了。

tʂ·õ˨ ma˨ tən˨
穿　马　灯

ŋo˨ mən˨ kɤʔ˥ sʅ˨ k·uɐ˨ i˨ iu˨ tʂ·õ˨ ma˨ tən˨ tɤʔ˥ fən˨
我　们　个 斯 块这里 有 穿 马 灯 的 风

suʔ˥ ɕiʔ˥ kuan˨, tɕi·˨ tɕiu˨ lɛ˨ nin˨ fən˨ t·iɔ˨ zu˨ hzuən˨,
俗 习 惯， 祈 求 来 年 风 调 雨 顺，

u˨ kuʔ˥ fən˨ tən˨, zən˨ k·ʮ˨ hvyn˨ ŋan˨. tʂ·õ˨ ma˨ tən˨
五 谷 丰 登， 人 口 平 安。 穿 马 灯

第七章　安徽芜湖六郎方言语料标音举例

ləʔ˧ y˦ liɥ iɔ˦ kɔ˥˥ tən˩. kɔ˥˥ tən˩ iɔ˦ tɕin˥˥ iʔ˧ ko˦ ma˩
腊　月　里　要　教　灯。教　灯　要　请　一　个　马

tən˩ sʅ˩ hvu·i ka˩ lɛ˦, kɔ˥˥ su˦ ni˥ mən˩ tsən˩ mɤʔ˧ tʂõ˩
灯　师　傅　家　来，告　诉　你　们　怎　么　穿

tən˩. ma˩ tən˩ sʅ˩ hvu·i ɕi˦ ɕyn˩ zɳ˧ tʂõ˩ tən˩, sʅ˩
灯。马　灯　师　傅　要　选　人　穿　灯，师

hvu·i tsei˦ ɕin˦ ɕyn˩ lian˩ kɤʔ˧ ɕiɔ˥˥ hɹən˧˥ tsʅ·i, nin˩ lin˩
傅　最　先　选　两　个　小　童　子，年　龄

iʔ˧ põ˩ hzʅʅʔ˧ sei˦ tsɔ˦ iu˦. tsɛ˦ ɕyn˩ pəʔ˧ ko˦ uan˩ yn˧˥
一　般　十　岁　左　右。再　选　八　个　玩　云

tɤʔ·i, ŋo˦ mən·i ka˩ kan˦ "pəʔ˧ xua˥ yn˩", nin˩ lin˩ iʔ˧ põ˩
的，我　们　家　讲　"八　花　云"，年　龄　一　般

hzʅʅʔ˧ ər˦ sei˦ tsɔ˦ iu˦. tsɛ˦ tʂɔ˩ hzʅʅʔ˧ tɕiʔ˧ ko˦ tʂuan˩ ma˩
十　二　岁　左　右。再　找　十　七　个　装　马

tɤʔ·i, tʂuan˩ ma˩ tɤʔ·i iʔ˧ põ˩ nin˩ lin˩ ər˦ hzʅʅʔ sei˦ tsɔ˦
的，装　马　的　一　般　年　龄　二　十　岁　左

iu˦. hɹi˥˥ iʔ˧ p·iʔ˧ ma˩ min˧˥ hzʅ·i tɕiɔ˥˥ pɔ˦ ma˩, hɹi˥˥
右。第　一　匹　马　名　字　叫　报　马，第

ər˦ ko˦ hzʅʅʔ hɹa˦ hzʅ·ʅʔ˧, hɹi˥˥ san˩ ko˦ hzʅʅʔ tʂɔ˦
二　个　是　大　学　士，第　三　个　是　赵

tsʅ˩ lən˩, hɹi˥˥ sʅ˦ ko˦ li˦ tɕin˦ uan˩, hɹi˥˥ u˩ ko˦ ma˩
子　龙，第　四　个　李　靖　王，第　五　个　马

tʂɔ˥, hɹi˥˥ lɤʔ˧ ko˦ mɤʔ˧ kuei˦ in˩, hɹi˥˥ tɕiʔ˧ ko˦ ian˩
超，第　六　个　穆　桂　英，第　七　个　杨

tsən˩ pɔ˦, hɹi˥˥ pəʔ˧ ko˦ hvan˩ li˩ xua˦, hɹi˥˥ tɕiu˦ ko˦
宗　保，第　八　个　樊　梨　花，第　九　个

ɕyʔ˧ tin˩ʅ ʂan˩, hɹi˥˥ hzʅʅʔ˧ ko˦ tiɔ˦ lin˩ ny˩, hɹi˥˥ hzʅʅʔ˧
薛　丁　山，第　十　个　貂　铃女貂蝉，第　十

iʔ˧ ko˦ ly˩ pu˦, hɹi˥˥ hzʅʅʔ˧ ər˦ ko˦ tʂu˦ zu˩, hɹi˥˥ hzʅʅʔ˧
一　个　吕　布，第　十　二　个　周　瑜，第　十

san˩ ko˦ huan˩ tʂən˩, hɹi˥˥ hzʅʅʔ˧ sʅ˩ ko˦ k·ən˩ min˩, hɹi˥˥
三　个　黄　忠，第　十　四　个　孔　明，第

hzʅʔ˥ u˩ ko˥ tʂan˧˩ fei˧˩, hɻi˧˥ hzʅʔ˥ lɤʔ˥ ko˥ liu˩ pei˧˩,
十　五　个　张　　飞,　第　十　六　个　刘　备,

hɻi˧˥ hzʅʔ˥ tɕʰiʔ˥ ko˥ kuan˧˩ kən˩, kuan˧˩ kən˩ hin˩ hɻɯ·˩
第　十　七　个　关　　公,　关　　公　前　头

iu˧˩ lian˩ kɤʔ·˩ tʂʰei˩ ku˩ nian˩, nin˩ lin˩ hzʅʔ˥ san˩ sʅ˩ sei˩
有　两　个　车　姑　娘,　年　龄　十　三　四　岁

tso˩ iu˧˩, tʂʰei˩ ku˩ nian˩ hɯ·˩ hɻɯ·˩ iu˧˩ lian˩ kɤʔ·˩ tʂʰɯ˩
左　右,　车　姑　娘　后　头　有　两　个　丑

tɕiaʔ˥ hɻɯ·˩. tʂʰõ˩ ma˧˩ tən˩ li·˩ min·˩ so˧˩ iu˩ hzən˩ tɕiaʔ·˩
角　头。穿　马　灯　里　面　所　有　神　角神仙

u˩ lən˧˥ nõ˩ tɤʔ·˩ ny˩ tɤʔ·˩ tɯ˩ hzʅ˥ nõ˩ tɤʔ·˩ tʂuan˩.
无　论　男　的　女　的　都　是　男　的　装。

hvɛ˩ lian˩ xɔ˩ lɤ·˩, hɻa˧˥ nin˩ san˩ hzʅʔ˥ ko˥ hɯ˧˩,
排　练　好　了,　大　年　三　十　过　后,

hɻa˧˥ nin˩ tsʰɯ˩ iʔ·˥ hiu˩ nən˩ tɔ˥ hvy˩ tɤʔ˥ tsʰən˩ tsʅ·˩ tʂõ˩
大　年　初　一　就　能　到　别　的　村　子　穿

ma˧˩ tən˩ lɤʔ·˩. ɕin˩ iu˧˩ tsʰən˩ li·˩ tɕɔ˧˩ lian˩ kɤʔ·˩ zən˩,
马　灯　了。先　由　村　里　找　两　个　人,

kʰan˩ tʂuʔ·˩ lən˩ hi˧˩, tɤ˥ tʂuʔ·˩ pɔ˥ tsʅ·˩, pɔ˥ tsʅ·˩ hiu˧˥
扛　着　龙　旗,　带　着　报　子,　报　子　就

hzʅ˥ hən˩ tʂʅ˥ hzɛ˩ tɤʔ·˩ ɕiɔ˧˩ fan˩ kʰuɛ˥, hzan˥ min·˩ ɕi˧˩
是　红　纸　裁　的　小　方　块,　上　面　写

tɤʔ·˩ "sən˥ tsʅ˥ hzən˩ tən˩, tɕin˩ zʅʔ˥ tɔ˥ fu˩, ʂu˥ hɕiɔ˧˥
的 "送　子　神　灯,　今　日　到　府,　许　桥

ma˧˩ tən˩". lian˩ kɤʔ·˩ zən˩ tɔ˥ zən˩ ka˩ tsʰən˩ li·˩, pa˩
马　灯"。两　个　人　到　人　家　村　里,　把

pɔ˥ tsʅ·˩ tʰiʔ·˩ tsɛ·˩ zən˩ ka˩ mən˩ kʰɯ˩, zən˩ ka˩ hiu˧˥ tʂʅ˥
报　子　贴　在　人　家　门　口,　人　家　就　知

tɔ˥ niˑ˩ mən˩ ka˩ ma˧˩ tən˩ iɔ˥ tʰa·˩ mən˩ tsʰən˩ liˑ˩,
道　你　们　家　马　灯　要　到　他　们　村　里,

tso˩ xɔ˩ tɕiaʔ˥ tən˩ tʂuan˩ pei˧˩. tsʰən˩ li·˩ ma˧˩ tən˩ hin˩
做　好　接　灯　准　备。村　里　马　灯　前

第七章　安徽芜湖六郎方言语料标音举例

hrɯ˧ hɯɤ˥ hrɯ˧ tɯ˩ iu˩ tɕi˧ lo˩ ta˩ ku˩ tɤʔ˩, tʂɤ̃˩
头　后　头　都　有　敲　锣　打　鼓　的，穿

ma˩ tən˩ tɤʔ˩ tɯ˩ hvɐ˧ hzən˧ tei˩, iʔ˧ hi˧ tɔ˧ hvyʔ˩ tɤʔ˩
马　灯　的　都　排　成　队，一　齐　到　别　的

tsən˩ tsɿ˩ tɕi˥. tɔ˧ zən˧ ka˩ tsʰuɛ˩ tsɿ˩ li˩, fan˧ pʰɔ˧ tʂu˩
村　子　去。到　人　家　村　子　里，放　炮　竹

tɕiʔ˧ tən˩, zən˧ ka˩ hrɑŋ˧ hin˧ li˩ pɛ˩ hzan˩ kən˧ pʰin˧
接　灯，人　家　堂　前客厅 里　摆　上　贡　品

tɕiʔ˧ tən˩, tʂuan˩ ma˩ tɤʔ˩ tɔ˧ zən˧ ka˩ hrɑŋ˧ hin˧ li˩ tʂɤ̃˩
接　灯，装　马　的　到　人　家　堂　前　里　转

iʔ˧ tɕʰyn˩ tʂʰu˧ lɛ˩, kei˩ kɤʔ˩ hiu˥ hzɿ˩ "tʰɔ˧ ɕian˩ xo˧".
一　圈　出　来，□这 个　就　是　"讨　香　火"。

"tʰɔ˧ ɕian˩ xo˩" hiu˥ hzɿ˩ tʰɔ˩ kɤʔ˩ tɕi˧ liʔ˩. tʰɔ˩ ɕian˩
"讨　香　火"　就　是　讨　个　吉　利。讨　香

xo˩ koʔ˧ hɯ˥ tɔ˧ zən˧ ka˩ mən˩ kʰɯ˧ hrɔ˧ hzan˧ kɔ˧ li˩,
火　过　后　到　人　家　门　口　稻　场　高　里上,

tʂɤ̃˩ tən˩. pa˩ lo˧ ku˩ tɕia˥ kɛ˩, sʅ˩ hvu˩ la˧ kɤʔ˩ lin˧
穿　灯。把　锣　鼓　架　个上，师　傅　拿　个　令

hi˧, mei˩ iaŋ˥ tən˩ tɯ˩ tɕʰi˧ tsʰɤ̃˩ tsʅ˩. iʔ˩ pʰɔ̃˩ iu˩ ɕia˩
旗，每　样　灯　都　要　穿　一　次。一　般　有　虾

tsɿ˩ ɕi˥ ʂuei˩, ʂuan˩ pʰu˧ mi˧, mei˧ xua˩ tɕʰin˩ tsei˩, xɐ˧
子　戏　水，双　铺　蜜，梅　花　亲　嘴，还

iu˧ ʂuan˩ pɛ˧ fɤʔ˩, ʂuan˩ hu˥ tiʔ˩, tan˩ hu˥ tiʔ˩, u˧
有　双　拜　佛，双　蝴　蝶，单　蝴　蝶，五

ma˩ tɕʰin˩ tsei˩, pə˧ ma˩ tɕʰin˩ tsei˩, hzʅ˧ ma˩ ərˤ ma˩
马　亲　嘴，八　马　亲　嘴，十　二　马　亲

tsei˩, hzʅ˧ lɤʔ˧ ma˩ tɕʰin˩ tsei˩, xɐ˧ iu˩ mɤ˧ kuei˥ in˧
嘴，十　六　马　亲　嘴，还　有　穆　桂　英

kua˥ ʂuɤ˥, kʰən˧ min˧ tɕi˥ tən˩ fən˧, ian˥ lɤʔ˧ lan˧ kua˥
挂　帅，孔　明　借　东　风，杨　六　郎　挂

ʂuɤ˥, xɐʔ˧ iu˧ kuan˩ kən˩ kua˥ ʂuɤ˥, kuan˩ kən˩ kua˥
帅，还　有　关　公　挂　帅，(表演) 关　公　挂

ʂuɜ˥ ma˩、tʂei˩ ku˩ nian˩、tʂɯ˩ tɕiɜʔ˩ hrɯ˩ tɯ˩ iɔ˥ hɕi˥
帅（时）马、车　姑　娘、丑　角　头　都　要
hzaʔ˩. xəʔ˩ iu˩ xo˥ lən˥ hzən˩. xəʔ˩ yn˩ tei˩ mo˥.
上。 还　有　火　龙　阵， 还　有　云　推　磨。
pə˩ʔ koˠ uan˩ yn˥ tɤʔ tɕi˩ nən˩ pɜ˩ "tin˩ hia˩ ʔin˩ pin˩、
八　个　玩　云　的　要　能　摆 "天　下　太　平、
zən˩ kʰɯ˩ pin˩ an˩" kei˩ pəʔ kɤʔ hzɿ. tʂɔ̃˩ tən˩ tɕiʔ˩
人　口　平　安" □这　八　个　字。 穿　灯　结
ʂuʔ˩, kuan˩ kən˩ kɜ˩ ʂɿ˩ sɔ˥ hran˥ tsɿ, ɕin˩ iu˩ tʂei˩
束， 关　公　开　始　扫　堂　子， 先　由　车
ku˩ nian˩、tʂɯ˩ tɕiɜʔ hrɯ˩ pa˩ tʰa˩ tʂei tsɿ tei kəˑ tsɜˠ
姑　娘、丑　角　头　把　他　车　子　推　个　着　在
hran˥ tsɿ liˑ tsɯ lian kɤʔ pəʔ hzɿ, kuan˩ kən˩ la˩
堂　子　里　走　两　个　八　字， 关　公　拿
tʂuʔ hra˩ tɔ˩ iu˩ tʂɯ˩ tɕiɜʔ hrɯ˩ tʂan˩ kəˑ tsɜˠ hrɔ˥
着　大　刀　由　丑　角　头　攃　个　着　在　稻
hzan˩ kɔ˥ li˩ xɔ˩ lian˩ tɕyn˩, xɔ˩ uan˩ hran˥ tsɿ,
场　高　里　上　跑　两　圈， 跑　完　堂　子，
hiu kʰo i˩ hõ iʔ ka˩. kei˩ hiu hzɿ tʂɔ̃˩ tən˩ tɤʔ
就　可　以　换　一　家。 □这　就　是　穿　灯　的
koˠ hzən˩
过　程。

xuən˩ hzɿ˩
婚　事

nan˩ ny˩ tɔˠ lɤʔ tɕiʔ xuən˩ nin˩ lin˩, ka˩ li˩ tʂan˩
男　女　到　了　结　婚　年　龄， 家　里　长
peiˠ hiu tʂuʔ tɕiʔ tʰa˩ tɤʔ xuən˩ hzɿ, tɕiu tɕin˩ tʂɯ˩
辈　就　着　急　他　的　婚　事， 就　请　周
kən˩ tɕiˠ kan˩ tɕin˩, iʔ põ tɤʔ nan˥ tɤʔ ka˩ tɔˠ ny˩
公媒人　去　讲　亲， 一　般　的　男　的　家　到　女

tɤʔ˨˦ ka˧˩ kan˧˩ tɤʔ˨˦ to˧˩, ny˧˩ tɤʔ˨˦ ka˧˩ tɔ˧˩ nan˧˥ tɤʔ˨˦ ka˧˩
的　　家　　讲　　的　　多，女　　的　　家　　到　　男　　的　　家

kan˧˩ tɤʔ˨˦ sɔ˧˩, tʂu˧˩ kən˧˩ tɔ˧˩ ny˧˩ tɤʔ˨˦ ka˧˩ tɕia˧˩, kan˧˩, ni˩˨
讲　　的　　少，周　　公　　到　　女　　的　　家　　去，讲，你

ka˧˩ ny˧˩ ər˧˩ iu˧˩ kei˧˩ mɤʔ˨˦ hrɑ˧˥ lɤʔ˨˦, ŋo˧˩ te˧ ni˧˥ kan˧˩ iʔ˨˦
家　　女　　儿　　有　　□这　　么　　大　　了，我　　带给 你　　讲　　一

ka˧˩ zən˧˥ ka˧˩, ny˧˩ tɤʔ˨˦ ka˧˩ tɕia˧˩ tʂan˧˩ uən˧˥, ni˧˩ kan˧˩ tɤʔ˨˦
家　　人　　家，女　　的　　家　　家　　长　　问，你　　讲　　的

na˧˩ ka˧˩ tɤʔ˨˦ nan˧˥ tɤʔ˨˦, ka˧˩ li˧˩ hriɔ˧˥ tɕin˧˥ tsən˧˩ mɤʔ˨˦
哪　　家　　的　　男　　的，家　　里　　条　　件　　怎　　么

ian˧˩, zən˧˩ pʰin˧˩ tsən˧˩ mɤʔ˨˦ ian˧˩, tʂu˧˩ kən˧˩ hiu˧˥ kan˧˩ nan˧˥
样，人　　品　　怎　　么　　样，周　　公　　就　　讲　　男

tɤʔ˨˦ kei˧˩ ka˧˩ hzʅ˧˥ kən˧˩ pən˧˩ zən˧˩ ka˧˩, nan˧˩ tɤʔ˨˦ iu˧˥ huei˨
的　　□这　家　　是　　根　　本本分 人　　家，男　　的　　又　　会

tso˨, iu˨ lɔ˧˩ hzʅ˧˩, tʂan˧˩ tɤʔ˨˦ iu˧˥ pʰiɔ˧˩ ian˧˩, na˧˩ tʰin˧˩
做，又　　老　　实，长　　的　　又　　漂　　洋帅气，哪　　天

pa˧˩ zən˧˩ ʦɤ˨ lɤ˨˧ pa˧˩ ni˧˩ ka˧˩ kõ˧˩ ha˨˦ tsʅ˨˦. ny˧˩ fan˧˩ hrən˧˥
把　　人　　带　　来　　把给 你　　家　　看　　下　　子。女　　方　　同

i˨ lɤʔ˨˦,　　iɔ˧˩ tɔ˧˩ nan˧˥ tɤʔ˨˦ ka˧˩ kõ˧˩ zən˧˩ ka˧˩ tɕi˧˥, ny˧˩
意　了（以后），要　　到　　男　　的　　家　　看　　人　　家　　去，女

tɤʔ˨˦ ka˧˩ tʂan˧˩ pei˨ tɔ˧˩ nan˧˩ fan˧˩ ka˧˩ tɕi˧˥ tʂʅ˧˩ iʔ˨˦ tsʰan˨
的　　家　　长　　辈　　到　　男　　方　　家　　去　　吃　　一　　餐

tʂən˧˩ hvan˨, tʂʅ˧˩ hvan˨ hiu˧˥ hzʅ˨ hrən˧˥ i˧˥ lɤʔ˨˦.
中　　饭，吃　　饭　　就　　是　　同　　意　　了。

　　　　hrən˧˥ i˨ lɯ˨ hu˨ tʂu˧˩ kən˧˩ tɔ˧˩ ny˧˩ tɤʔ˨˦ ka˧˩ uən˨ iɔ˧˩
　　　　同　　意　　以　　后　　周　　公　　到　　女　　的　　家　　问　　要

ɕi˨ hzən˧˩ mɤʔ˨˦ tən˧˩ ɕi˧˩, iʔ˨˦ põ˧˩ tɤʔ˨˦ tu˧˩ iɔ˧˩ tɕin˧˩ in˨
些　　什　　么　　东　　西，一　　般　　的　　都　　要　　金　　银

ʂu˧˩ ʂʅ˧˩、tʂʰuən˧˩ hia˨ tɕʰiu˧˩ tən˧˩ tɤʔ˨˦ i˨ fɤʔ˨˦、he˧˥ tsʅ˨˦、
首　　饰、春　　夏　　秋　　冬　　的　　衣　　服、鞋　　子、

mɔ˨˦ tsʅ˨˦, xɤʔ˨˦ iu˧˩ tɕi˧˩ zu˧˩ hzu˨, ɕi˩˨ hran˨, in˧˩ tɕiu˧˩,
帽　　子，还　　有　　鸡　　鱼　　肉，喜　　糖，烟　　酒，

kanˇ xɔˇ toˇ ʂɔˇ, nanˊ fan·ˋ tʂanˇ peiˇ kənˇ tʂuˇ kən·ˋ paˇ
讲　好　多　少，男　方　长　辈　跟　周　公　把

tənˇ çi·ˋ sənˇ toˋ nyˇ tɤʔ·ˋ kaˇ tçi·ˋ. tçiʔˀ xuənˇ tʂˀˀ hinˊ,
东　西　送　到　女　的　家　去。结　婚　之　前，

pʻənˋ toˇ tõˇ uˇ、tʂnəˇ tçiuˇ, nyˇ çiˋ içˇ sənˇ tçiʔˀ keiˇ
碰　到　端　午、中　秋，女　婿　要　送　节　给

hzanˇˇ zənˊ hzanˇˇ moˇ.
丈　人　丈　母。

　　sənˇ zˀˀˀ tsˀ·ˋ hiuˇˇ hzˀˀˇ tʂuˇ kən·ˋ kənˇ nanˊ nyˇ
　　送　日　子　就　是　周　公　跟　男　女

ʂuanˇ fanˇ ʂanˇ lianˊ xɔˇ naˋ tʻinˇ tçiʔˀ xuənˇ, ʂanˇ lianˊ
双　方　商　量　好　哪　天　结　婚，商　量

xɔˇ tɤʔ·ˋ zˀˀˀ tsˀ·ˋ çiˋ tseˋ hənˊ tʂˀˀ hzan·ˋ, pɔˇ xɔˇ, iuˊ
好　的　日　子　写　在　红　纸　上，包　好，由

tʂuˇ kənˇ kənˇ nanˊ fan·ˋ iʔˀ kɤʔ·ˋ tʂanˇ peiˇ sənˇ toˋ nyˇ
周　公　跟　男　方　一　个　长　辈　送　到　女

fanˇ kaˇ tçiˇ, xəˇ içˇ tɤˇ tinˇ inˇ tçiuˇ, iʔˀ tʂˀˀ tçiˇ,
方　家　去，还　要　带　点　烟　酒，一　只　鸡，

xəˇ iuˇ zuˇ、hzuʔˀ, toˇ lɤʔ·ˋ nyˇ fanˇ mənˊ kʻuˇ içˇ fanˇ
还　有　鱼、肉，到　了　女　方　门　口　要　放

pʻɔˇ tʂuʔˀ, nyˇ fanˇ içˇ tsɔˇ hɹeˋ tʂˀˀˀ iʔˀ tsʻanˇ tçiuˇ.
炮　竹，女　方　要　招　待　吃　一　餐　酒。

　　tçiʔˀ xuənˇ tɤʔ·ˋ hinˊ lianˊˇ tʻin·ˋ, nanˊ fan·ˋ içˇ sənˇ
　　结　婚　的　前　两　天，男　方　要　送

ʂueiˇˇ liˇ toˇ nyˇ fan·ˋ kaˇ tçiˇ, ʂueiˇˇ liˇ hiuˇˇ hzˀˀˇ nyˇ
水　礼　到　女　方　家　去，水　礼　就　是　女

fan·ˋ kaˇ hvanˇˇ tçiuˇ tɤʔ·ˋ tənˇ çi·ˋ, iuˇ zuˇ、hzuʔˀ, inˇ、
方　家　办　酒　的　东　西，有　鱼、肉、烟、

tçiuˇ. tçiʔˀ xuənˇ iʔˀ põˇ iuˇ tanˇ ʂuanˇ lianˊˇ tʻin·ˋ, tanˇ
酒。结　婚　一　般　有　单　双　两　天，单

zˀˀˀ tsˀ·ˋ hɹeˇˇ meiˇ, iʔˀ põˇ hiaˇ uˇ sanˇ tinˇ tsoˇ iuˇ
日　子　待　媒，一　般　下　午　三　点　左　右

第七章　安徽芜湖六郎方言语料标音举例

kɜ˩ tɕiu˩, hri˥ iʔ˥ tʂɯ˩ tɕin˩ tʂɯ˩ kən˩ hzo˥ iʔ˥ hi˩, ka˩
开　酒，第　一　桌　请　周　公　坐　一　席，家

li˩ tʂan˩ pei˥ hvei˩ tʂɯ˩ kən˩ tʂʅʔ˥ hvan·. tʂɯ˩ kən˩ kɜ˩
里　长　辈　陪　周　公　吃　饭。周　公　开

tʂʅʔ˥ i˩ hɯ˥, tɕi˩ t·a˩ tɕin˩ tɕiʔ˥ hvən˩ iu· hiu˥ nən˩ kɜ˩
吃　以　后，其　他　亲　戚　朋　友　就　能　开

tɕiu˩ lɤʔ·.
酒　了。

　　hri˥ ɘr˥ t·in˩ ʂuan˩ zʅʔ˥ tsʅ·, hzʅ˥ hvan˩ ɕi˥ hzʅ˥
　　第　二　天　双　日　子，是　办　喜　事

tɤʔ· tʂən˥ zʅʔ˥ tsʅ·. tso˩ hzan˩ tso˩ kɔ˥ tɕi˩ tɕin˩ tɤʔ·
的　正　日　子，早　上　找　好　娶　亲　的

zən˥, iɔ˥ ʂuan˩ sɯ˥, tɛ˥ xɔ˩ pin˥ tan·、sɤʔ˥, tɕi˥ hrɛ˩,
人，要　双　数，带　好　扁　担、索，去　抬，

tɕi˥ pa˩ ny˩ fan· tɤʔ· tɕia˥ tʂuan˩ hrɛ˥ ka˩ lɛ·. tʂɯ˩ kən·
去　把　女　方　的　嫁　妆　抬　家　来。周　公

tɛ˥ tei˥ tɔ˥ ny˩ fan· ka˩ tɕi˥, tɔ˥ ny˩ fan· ka˩ mən˩
带　队　到　女　方　家　去，到　女　方　家　门

k·ɯ˩, ny˩ fan· ka˩ pa˩ hra˥ mən˩ kuan˩ kɜ·, nan˩ fan·
口，女　方　家　把　大　门　关　个了，男　方

pa˩ xua˩ hiɔ˥ hɛ˩ tsɛ· ny˩ fan· ka˩ mən˩ k·ɯ˩, xua˩ hiɔ˥
把　花　轿　摆　在　女　方　家　门　口，花　轿

pɤʔ· nən˩ lɤʔ˥ hri˥, iɔ˥ fan˥ tsɛ· uo˩ pin˩ kɔ˩ li·. nan˩
不　能　落　地，要　放　在　禾　匾　高　里卜边。男

tan· tɕɔ˥ tsɛ˥ mən˩ uɛ˥ li· fan˥ p·ɔ˩ tʂuʔ˥, ny˩ fan· ka˩
方　要　住　门　外　里外边　放　炮　竹，女　方　家

iɔ˥ tsɛ˥ mən˩ li˩ ha· hiu˥ hzʅ˥ ka˩ li· fan˥ tin˩ tõ˩ p·ɔ˥
要　在　门　里　下　就　是　家　里　放　点　短　炮

tʂuʔ˥. nan˩ fan· iɔ˥ pa˩ kɜ˩ mən˩ li˩ kei˩ ny˩ fan˩, ʂɔ˩
竹。男　方　要　把　开　门　礼　给　女　方，烧

kɔ˩ tɤʔ· iɔ˥ kei˩ ɕi˩ hran˩. ny˩ fan· ta˩ kɜ˩ hra˥ mən˩,
锅　的　要　给　喜　糖。女　方　打　开　大　门，

tʂɔ˨˩ hrɛ˧˥ nan˧ fan˨˩ tɕi˨˩ tɕin˧ tɤʔ˨˩ xə ʔ˥ hza˧ˑ, tʂɔ˨˩ hrɛ˧˥
招　 待　 男　 方　 娶　 亲　 的　 喝　 茶， 招　 待
tʂən˨˩ hvan˧˥ hia˧˥ u˨˩ fə ʔ˥ tɕin˧, ɱʋ˧˥ ma˨˩ ny˨˩ ɹe˧˥ ka˨˩ ɕi˨˩ k·u ʔ˥
中　 饭。 下　 午　 发　 亲， 姆　 妈　 女　 儿　 要　 哭
tɕia˧˥, k·u ʔ˥ iʔ˥ ɕi˨˩ tɕi ʔ˥ li˨˩ tɤʔ˨˩ hua˧˥, tɔ˧˥ zne˧ ka˨˩ ɕi˨˩
嫁，　 哭　 一　 些　 吉　 利　 的　 话， 到　 人　 家　 要
tsən˨˩ hzen˧˥ tʂan˨˩ pei˧˥, tsɔ˧˥ hzɿ˧˥ ɕi˨˩ hin˧˥ k·ɜ˧˥ kei˧˥ ɕi˨˩
尊　 重　 长　 辈， 做　 事　 要　 勤　 快 □ 那　 些
hua˧˥. nan˧ fan˨˩ tɕi˨˩ tɕin˧ tɤʔ˨˩ pa˨˩ ny˨˩ fan˨˩ ka˨˩ hvei˧˥ tɤʔ˨˩
话。 男　 方　 娶　 亲　 的　 把　 女　 方　 家　 陪　 的
tɕia˧˥ tʂuan˨˩ uan˧˥ uɜ˧˥ põ˨˩, hvan˧ hrɜ˧˥ tsɿ˨˩, i˨˩ kuei˧˥ tsɿ˨˩,
嫁　 妆　 往　 外　 搬， 房　 台　 子， 衣　 柜　 子，
hvei˧˥ u˨˩, tsən˨˩ hrɯ˧, tsɿ˨˩ sən˨˩ t·ən˧˥, tsɿ˨˩ sən˨˩ t·ən˨˩ li˨˩
被　 窝， 枕　 头， 子　 孙　 桶， 子　 孙　 桶　 里
ha˨˩ fan˧˥ ke˨˩ tsɔ˧˥ tsɿ˨˩、 xua˧˥ sən˨˩, hən˧ tsɿ˨˩, ʂuei˧˥ kɔ˧˥
下　 里　 边　 放　 个　 着　 枣　 子、 花　 生、 红　 子鸡蛋、 水　 果
hran˧, i˨˩ sɿ˨˩ hiu˧˥ hzɿ˧˥ kan˨˩ tsɔ˧˥ sən˨˩ kuei˧˥ tsɿ˨˩. fə ʔ˥
糖， 意　 思　 就　 是　 讲　 早　 生　 贵　 子。 发
tɕin˨˩ k·ɜ˧˥ sɿ˨˩, nian˧˥ ka˨˩ kɔ˨˩ ko˨˩ pa˨˩ ɕin˨˩ nian˧˥ tsɿ˨˩
亲　 开　 始， 娘　 家　 哥　 哥　 把　 新　 娘　 子
hzən˧ hvan˧˥ li˨˩ hvɔ˧˥ tɔ˨˩ hran˧ hin˨˩ li˨˩ lɛ˧, tsɛ˧˥ hran˧
从　 房　 里　 抱　 到　 堂　 前　 里　 来， 在　 堂
hin˨˩ li˨˩ tʂõ˧˥ iʔ˥ tɕyn˨˩, fan˧˥ tsɛ˨˩ hra˧˥ mən˧ k·ɯ˨˩ ʂɜ˧˥ tsɿ˨˩
前　 里　 转　 一　 圈， 放　 在　 大　 门　 口　 筛　 子
kɔ˨˩ li˨˩, ɕin˨˩ nian˧˥ tsɿ˨˩ tei˨˩ hzɿ˧˥ kɔ˨˩ ka˨˩ hzan˧˥ huan˧
高　 里上边， 新　 娘　 子　 对　 自　 个　 家　 上　 横
hrɯ˧ tsɤ ʔ˥ iʔ˥ kɤʔ˥ iʔ˥, nian˧˥ ka˨˩ kɔ˨˩ ko˨˩ pa˨˩ ɕin˨˩ nian˧˥
头　 作　 一　 个　 揖， 娘　 家　 哥　 哥　 把　 新　 娘
tsɿ˨˩ pei˨˩ tɔ˨˩ hra˧˥ mən˧ k·ɯ˨˩ xua˨˩ hɕi˧˥ li˨˩ min˨˩, nian˧˥ ka˨˩
子　 背　 到　 大　 门　 口　 花　 轿　 里　 面， 娘　 家
kɔ˨˩ ko˨˩ tʂan˧˥ tsɛ˨˩ hɕi˧˥ mən˧ k·ɯ˨˩ pa˨˩ hɕi˧˥ mən˧, nan˧ fan˨˩
哥　 哥　 站　 在　 轿　 门　 口　 把　 轿　 门， 男　 方

tɕi˧ tɕin˧ tɤʔ˩ pa˧ hiɔ˧ tsɿ˩ hrɤ˩ tɕi˧ lɤ˩, pa˧ hiɔ˧ tsɿ˩
娶 亲 的 把 轿 子 抬 起 来，把 轿 子
ti˧ ha˧ uo˧ pin˧ la˧ tʂu˩ lɤ˩, tsʰən˧ hiɔ˧ tsɿ˩ tin˧ hzan˩
底 下 禾 匾 拿 出 来，从 轿 子 顶 上
pʰɔ˧ ko˧ tɕʰi˩, iu˩ zən˧ tɕiʔ tʂu˧ fan˧ tɔ˧ hvan˧ pin˩
抛 过 去， 有 人 接 住 放 到 旁 边。
hrɤ˧ hiɔ˧ tsɿ˩ tɤʔ˩ zən˧ tɕin˧ san˧ pa˧ tʰei˧ san˧ pa˧, hiu˧
抬 轿 子 的 人 进 三 把 退 三 把， 就
uan˧ tɕiɔ˧ tɕin˧ tɤʔ˩ hri˧ fan˧ hrɤ˧ tɕi˧, tɕiɔ˧ tɕin˧
往 交 亲 的 地 方 抬 去， 交 亲
tɤʔ˩ hri˧ fan˧ hiu˧ tsɛ˧ ny˧ fan˧ tɤʔ˩ tʂu˧ tsʰən˧ kʰu˩
的 地 方 就 在 女 方 的 出 村 口。
tɔ˧ lɤʔ˩ tɕiɔ˧ tɕin˧ tɤʔ˩ hri˧ fan˧, tʂɯ˧ kən˧ pa˧ tɕiɔ˧
到 了 交 亲 的 地 方， 周 公 把 交
tɕʰin˧ pu˧ pʰu˧ tsɛ˩ hri˧ ha˩, hrɤ˧ hiɔ˧ tsɿ˩ tɤʔ˩ pa˧ hiɔ˧
亲 布 铺 在 地 下， 抬 轿 子 的 把 轿
tsɿ˩ fan˧ tsɛ˩ tɕiɔ˧ tɕʰin˧ pu˧ kɔ˧ li˩, nan˧ ny˧ ʂuan˧
子 放 在 交 亲 布 高 里上边，男 女 双
fan˧ tɕiɔ˧ huan˧ tɕiɔ˧ tɕin˧ tʰiʔ tsɿ˩, nian˧ ka˧ ko˧ ko˩
方 交 换 交 亲 帖 子， 娘 家 哥 哥
pa˧ hiɔ˧ mən˧ so˧ xɔ˧, pa˧ iəʔ tɕei˩ tsʰən˧ hiɔ˧ mən˧
把 轿 门 锁 好， 把 钥 匙 从 轿 门
hvən˧ pa˧ ɕin˧ nian˧ tsɿ˩. hrɤ˧ hiɔ˧ tsɿ˩ tɤʔ˩ pa˧ hiɔ˧
缝 把给 新 娘 子。 抬 轿 子 的 把 轿
tsɿ˩ hrɤ˧ kɛ˩ uan˧ ka˧ tsɯ˩, tɕiɔ˧ tɕin˧ pu˧ tsʰən˧ tʂən˩
子 抬 个着 住 家 走， 交 亲 布 从 中
tɕin˩ sɿ˧ kʰɤ˩, nan˧ ny˧ ʂuan˧ fan˧ iʔ ka˧ iʔ põ˧.
间 撕 开， 男 女 双 方 一 家 一 半。
hiɔ˧ tsɿ˩ tɔ˧ nan˧ fan˧ ka˧ hrɤ˧ mən˧ kʰu˩, ɕin˧ lan˧
轿 子 到 男 方 家 大 门 口， 新 郎
kõ˧ tɔ˧ hiɔ˧ tsɿ˩ mən˧ kʰu˩ tʂɔ˧ ɕin˧ nian˧ tsɿ˩ iɔ˧ iəʔ
官 到 轿 子 门 口 找 新 娘 子 要 钥

hzʅˋ, ɕin˩ lan˧ kõ˩ paˋ tinˑ kɐˋ hiɔ˧ mən˧ liˋ kei˥ ɕin˩
匙, 新 郎 官 把给 点 开 轿 门 礼 给 新

nian˧˥ tsʅˑ hiɔ˧ tsʅˑ mən˧ kɐˋ kɐˋ lɤʔˋ liˋ huˠ, nan˧
娘 子。 轿 子 门 开 开 了 以 后, 男

fan˧ ka˩ tʂan˧ pei˥ la˩ lian˧˥ koˑ ʂɐˋ tsʅˋ fan˥ tsɛˑ hri˥
方 家 长 辈 拿 两 个 筛 子 放 在 地

ha˩ˑ, ɕin˩ lan˧ kõ˩ tʂan˧ tsʅʔˑ ɕin˩ nian˧˥ tsʅˑ tsˑne˧ ʂɐˋ
下, 新 郎 官 搀 着 新 娘 子 从 筛

tsʅˑ kɔ˩ liˑ iʔˑ puˠ hzõ˧ iʔˋ puˠ, hzõ˧ ʅˋ ka˩, tʂan˧
子 高 里上边 一 步 传 一 步, 传 到 家, 长

pei˥ tsɛˠ huˠ minˑ kan˩ iʔˑ ɕiˑ tɕiʔˋ liˋ huaˠ, "iʔˋ hrɛˠ
辈 在 后 面 讲 一 些 吉 利 话, "一 代

hzõ˧˥ iʔˋ hrɛˠ, hzʅʔˋ hrɤ˥ hzõ˧ pɤʔˋ hrɛˠ" kei˧˥ ɕiˑ huaˠ.
传 一 代, 十 代 传 百 代" □那 些 话。

tɔˠ lɤʔˑ hran˧ hinˑ liˑ fu˩ tɕiˠ ʂuan˧ fan˩ pɐˠ hran˧, pɐˠ
到 了 堂 前客厅 里, 夫 妻 双 方 拜 堂, 拜

tʼin˩ hri˥ˠ, pɐˠ kɔ˩ hran˧, fu˩ tɕiˠ tei˥ pɐˠ, pɐˠ kɔ˩ hran˧
天 地, 拜 高 堂, 夫 妻 对 拜, 拜 高 堂

hzʅˋ tei˥ tʂən˩ hran˧ pɐˠ, pɤʔˋ hzʅˋ tei˥ kən˩ hvo˧ pɐˠ.
是 对 中 堂 拜, 不 是 对 公 婆 拜。

ɕin˩ nian˧˥ tsʅˑ tɕin˥ nan˧ fan˧ hrɤˠ mən˧, kən˩ kənˑ hvo˧˥
新 娘 子 进 男 方 大 门, 公 公 婆

hvoˑ iɔˋ tɔ˩ tsɛˑ tsɿˋ mei˧˥ liˑ hvei˥ haˑ tsʅˑ, i˥ sʅˋ
婆 要 躲 在 灶 煤 里厨房 背 下 子, 意 思

hzʅˋ kan˩ fan˧ tʂʅˋ iˋ huˠ hvo˧˥ ɕiˑ kuan˩ ɕiˑ pɤʔˋ xɔˠ.
是 讲 防 止 以 后 婆 媳 关 系 不 好。

sən˥ tɔˑ tən˥ hvan˧ mən˧ kʰɯˠ, tən˥ hvan˧ mən˧ kʰɯˠ
送 到 洞 房 门 口, 洞 房 门 口

pɐˠ iʔˋ kɤʔ xɔ˧˥ hvən˧, ɕin˩ nian˧˥ tsʅˑ ɕin˩ lan˧ kõ˩ iʔˋ
摆 一 个 火 盆, 新 娘 子 新 郎 官 一

hiˠ tsʰən˧ xɔˠ hvən˧ kɔ˩ liˑ kʼuaˠ koˠ tɕiˠ, ɕin˩ lan˧ kõ˩
齐 从 火 盆 高 里上边 跨 过 去, 新 郎 官

第七章 安徽芜湖六郎方言语料标音举例

pa˩ ɕin˩ nian˧˥ tsʅ·˩ tʂanˉ ·ɔ hzuan˧˥ pin·˩, hzoˇ ·ɔ
把　新　　娘　　子　挽　到　　床　　　边，　坐　到

hzuan˧˥ in˧˥ kɔˇ li·˩, ɕin˩ lan˩ kõˇ pa˩ ɕin˩ nian˧˥ tsʅ·˩
床　　　沿　　高　里上，新　郎　官　把　新　娘　　子

hən˧˥ kɜˇ hɽɯ·˩ ɕin˩ kɜ˧˩, hiuˇ k·oˇ i·˩ k·ɜ˩ tɕiuˇ lɤʔ·˩. kɜ˩
红　　盖　头　　掀　开，　就　可　以　开　酒　了。开

tɕiu˩, ka˩ li·˩ tʂan˩ pei˩ pa˩ ɕin˩ lan˩ kõˇ tɤʔ·˩ nian˧˥ hiuˇ
酒，　家　里　长　辈　把　新　郎　官　的　娘　舅

tɕin˩ lɜ·˩ kɜ˩ hɽiˉ iʔ·˩ tʂuˇ tɕiu˩, nian˧˥ hiuˇ ɕi˩ hzoˇ iʔ·˩
请　　来　开　第　一　桌　酒，　娘　舅　要　坐　一

hiʔ˩ kɔ˩ li·˩, ka˩ ti˩ ti·˩ ka˩ nɜu˩ nɜ·˩ ɕi˩ hzoˇ tse·˩ hzanˇ
席　高　里上，家　爹　爹　家　奶　奶　要　坐　在　上

huən˧˥ hɽɯ˧˥. nian˧˥ hiuˇ hɽənˉ lɤʔ·˩ k·uɜˉ tsʅ·˩, tɕi˩ t·a˩
横　　　头。　娘　　　舅　动　了　　筷　子，其　他

tɕin˩ tɕiʔ·˩ hvan˩ iu·˩ hiuˉ k·oˇ i·˩ tʂʅ˩ tɕiu˩ lɤʔ·˩. tɕiu˩
亲　　戚　　朋　友　就　可　以　吃　酒　了。酒

hiʔ˩ tʂʅ˩ xɔˇ, t·in˩ k·uɜˇ xɤ˩ tɤʔ·˩ hzʅ˩ hɯˇ, hiuˉ kɜ˩
席　吃　好，天　快　黑　的　时　候，就　开

ʂʅ˩ nɔˇ tən˩ hvan˩ lɤʔ·˩. nɔˇ tən˩ hvan˩ iʔ˩ põ˩ tɤʔ·˩ tɯ˩
始　闹　洞　房　了。闹　洞　房　一　般　的　都

hzʅˉ hɽən˩ pei˩ fən·˩ tɤʔ·˩ nin˩ lin˩ tʂ·a˩ pɤʔ·˩ to˩ tɤʔ·˩ tɕi˩
是　同　辈　分　的　年　龄　差　不　多　的　去

nɔˇ. keiˉ ian˩ tsʅ·˩ tan˩ ʂuan˩ lian˩ zʅʔ·˩ tɕiʔ·˩ xuən˩ ɕi˧˥
闹。□那　　样　子　单　双　两　日　结　婚　喜

tɕiu˩ hiuˉ tɕiʔ·˩ ʂuˉ lɤʔ·˩.
酒　就　结　束　了。

ɕin˩ lan˩ ɕin˩ nian˩ tɕiʔ·˩ xuən˩ hɽiˉ san˩ t·in˩, hiuˉ
新　郎　新　娘　　结　　婚　第　三　天，　就

iɔˇ ʂuan˩ kuei·˩. ʂuan˧˥ kueiˇ hiuˉ hzʅ˩ ɕin˩ nian˧˥ tsʅ·˩
要　双　　归回门。双　归　就　是　新　娘　子

nian˧˥ ka˩ ko˩ ko·˩ xuʔ˩ tʂei ʂuan˩ ti·˩ ɕi˩ lian˩ kɤʔ·˩ zənˇ
娘　家　哥　哥　或　者　兄　弟　要　两　个　人

tɔɣ ɕinɹ lanㄱ kaɹ tɕiˑɣ tɕiʔㄱ, tɕiʔㄱ tɔɣ nianㄱ kaɹ, tʂənɹ uˑɪ
到　新　郎　家　去　接，接　到　娘　家，中　午

tʂuənㄱ peiɹ tɕiuɹ hiˑɹ tʂ̩ʔㄱ hvanɹ, tʂ̩ʔㄱ hvanɣ nyɹ ɕiʔㄱ hzoɹ
准　备　酒　席　吃　饭，吃　饭　女　婿　坐

iʔㄱ hiˑㄱ, tʂ̩ʔㄱ koɣ hvanɣ iɹ hɯɣ, hiaɣ uˑɪ piʔㄱ ʂuɹ hueiㄱ
一　席，吃　过　饭　以　后，下　午　必　须　回

kaɹ, ʂuanɹ kueiɹ tɤʔˑɪ hzㄱㄱ hɯɣ iʔㄱ põɹ pɤɣ nənㄱ tsɛɣ
家，双　归　的　时　候　一　般　不　能　在

nianㄱ kaɹ ɕiʔㄱ, tanɹ tˑinɹ iɔɣ hueiㄱ tɔɣ hvoㄴ kaˑɪ. tˑinɹ lɔɣ
娘　家　歇过夜，当　天　要　回　到　婆　家。听　老

zənㄱ kaɹ kanɣ, iɴ hinɣ tɕiʔㄱ xuənɹ, ɕinɹ nianㄴ tsㄱˑ tanɹ
人　家　讲，以　前　结　婚，新　娘　子　当

ninㄱ pɤʔˑɪ nənㄱ hueiㄱ nianㄱ kaɹ, iɔɣ tɔɣ lɜㄱ ninㄱ tɤʔˑɪ ɚɣ
年　不　能　回　娘　家，要　到　来　年　的　二

yʔㄱ ɚɣ nianㄱ kaɹ lɛㄱ zɳㄱ paɹ ɕinɹ nianㄴ tsㄱˑ iʔㄱ kɤʔˑɪ
月　二　娘　家　来　人　把　新　娘　子　一　个

zənㄱ tɕiʔㄱ kaɹ tɕiˑɣ, koɣ ninㄴ tɤʔˑɪ hzㄱㄱ hɯɣ ɕinɹ lanㄱ kõɹ
人　接　家　去，过　年　的　时　候　新　郎　官

iʔㄱ kɤʔˑɪ zənㄱ tɔɣ lɔɣ hzanㄱ zənㄱ kaɹ liˑɪ sənɣ tɕiʔㄱ. ŋoɣ
一　个　人　到　老　丈　人　家　里　送　节。我

mənㄱ tanɹ hriɣ tɕiʔㄱ xuənɹ hiuㄣ hzㄱㄱ keiɹ ianㄣ tsㄱˑɪ.
们　当　地　结　婚　就　是　□这　样　子。

参考文献

蒋冰冰 2003 《吴语宣州片方言音韵研究》，（上海）华东师范大学出版社
沈 明 2016 《安徽宣城（雁翅）方言》，（北京）中国社会科学出版社
张 林、谢留文 2010 《安徽铜陵吴语记略》，（北京）中国社会科学出版社
郑张尚芳 1986 皖南吴语的分区，《方言》第 1 期
中国社会科学院、澳大利亚人文科学院 1987 《中国语言地图集》，（香港）朗文出版（远东）有限公司

后　　记

　　2008 年，本书的两位作者和语言所同事沈明、谢留文共同申请了中国社会科学院国情调研项目"徽语调查"，合作非常愉快，最终出版了四部调查报告——《安徽歙县（向杲）方言》（沈明）、《安徽歙县大谷运方言》（陈丽）、《安徽黄山汤口方言》（刘祥柏）和《江西浮梁（旧城）方言》（谢留文）。

　　"徽语调查"项目结束后，我们这个团队又申请并开启了另一个相关项目——"安徽吴语调查研究"。本书是"安徽吴语调查研究"中的一个点——芜湖六郎方言的调查报告。

　　本书两位作者共事多年，配合默契。有了上一次在徽语调查中的合作经验，这一次，对泾县查济和芜湖六郎方言的调查整理，我们选择了两人合作的模式。这样既可以在调查过程中互相启发互为补充，也可以在后期整理环节各取所长查漏补缺。

　　六郎地处芜湖县中部，是典型的鱼米之乡。历史上曾经水草丰茂，鸠鸟聚集，后随着大量移民迁入，筑土成圩，形成了十三连圩的独特风貌。本书记录的是六郎镇许桥头话。感谢发音合作人许平、许永锦以及他们的家人，在调查过程中给予了我们很多支持和帮助。许永锦曾开车带我们去还住在圩子里的大伯家做客，陪我们到著名的青弋江边临堤远眺，近距离感受十三连圩中的日常生活和别样风情。家里的老人家聚在一起饶有兴趣地讲了不少古早往事；发音人许平讲述的"穿马灯""过年""结婚"等习俗，栩栩如生，让人如临其境，是很好的长篇语料素材。午饭时间，永锦变身"大厨"做出了一桌色香味俱佳的饭菜，发音人兼司机兼厨师的身份转换，还真是以往调查中较少遇到的，至今记忆犹新。

　　感谢中国社会科学院科研局和语言研究所对此项目的大力支持，感谢中国社会科学出版社以及责编张林女士对我们的包容——因着一点求完美的心态，这本小书的出版一拖再拖，有些遗憾和未足之处只能留待以后有机会再去修订和补充了。

  书中肯定还有不少疏漏，敬请读者批评指正。

作　者

2019 年 9 月 9 日